大眾傳播理論與應用

——新聞媒體分析與行銷公關實務操作

葉元之　著

導讀

在大眾媒體如此發達的今日，每個人對傳播媒體的依賴都非常深，許多調查都顯示，現代人看電視及上網的時間，已遠遠超過看書的時間。無論是吸收新知、享受娛樂或了解社會變化，大眾媒體都是不可或缺的管道，不僅讓我們知道週遭所發生的事情，甚至影響我們對於某些議題的價值判斷。

你有多了解傳播媒體？

然而，雖然大眾媒體是我們認識外在世界的主要媒介，但一般閱聽人對媒體背後運作的邏輯並不一定完全了解，這樣有時就會被媒體所塑造的一些假象所誤導。例如，每到寒暑假時，電視新聞中就會充斥各種遊樂場的新聞，報導某家遊樂場的設施是如何刺激好玩。由於新聞媒體有其權威性，觀眾看到這類新聞，通常會認為被報導過的遊樂場一定是非常好玩刺激，因此被吸引前往消費。但實際上，這類新聞其實是遊樂場付錢給電視台，請電視台特別製作的新聞，即所謂「置入性行銷」。觀眾若知道其實這類新聞是花錢買來的，對於新聞所報導的內容就不一定這麼相信，被誤導的機率也會大幅降低。

茲再舉電影的運作邏輯為例。在電影「浩劫重生 Cast Away」裏，由湯姆漢克斯所飾演的男主角是一家快遞公司的系統工程師，一次出任務的過程中，他所駕駛的小飛機因故失事，結果被困在一個無人荒島上長達十幾年。在這段無人陪伴的歲月裏，男主角唯一的感情寄託，就是一顆隨他一起被沖到島上的排球，他把它取名為「Wilson」。男主角把 Wilson 當成自己的小孩，在島上的任何活動都帶著它，每天跟它講話，也會對它發脾氣。而在返回文明的途中，男主角不慎讓 Wilson 在大海中漂走，他痛哭失聲，無法原諒自己的過失，而這一幕，也深深打動了正在觀賞電影的觀眾，大家也都對 Wilson 這顆排球產生好感。

其實，在現實生活中，Wilson 本身就是一個知名的排球品牌，這家公司付電影製作人一筆錢，製片就把這顆排球置入到電影的情節中，成為一個重要角色，以收廣告之效。所以，大家最喜歡的娛樂——「電影」裡面，也充斥著廠商為打廣告所置入的商品。

大眾傳播媒體除了會受到商業行為影響之外，電視台有時候為了搶收視率，也會做出一些誇張的行為。電視圈曾經流傳一段笑話：在颱風過後，一個電視台記者被派去採訪某地淹水的新聞，但他到了現場後，卻發現水淹的沒有想像中深，只有淹到膝蓋左右。為了製造效果，這名記者在開始新聞連線時，整個人立刻蹲下，如此就造成水淹及腰部的效果。不過，人算不如天算，記者旁邊正好有一個阿伯騎著腳踏車經過。這時電視機前的觀眾一定都有個感覺：「這名記者的腿怎麼跟腳踏車的輪子一樣高，還真矮！」

從上述幾個例子可以看出，大眾傳播媒體所報導的事件不一定百分之百真實，會受到許多因素影響而造成偏差，如果我們不了解大眾傳播媒體的運作，就容易被媒體所誤導，無法從中過濾出真實的資訊。

如何掌控媒體？

我們了解傳播媒體，除了可以分析社會中的各種傳播現象、不被媒體所誤導之外，還有一個更積極的目的，就是可以進而去掌握媒體、運用媒體，以達到自我宣傳的目的。因為媒體記者不可能全靠本身的力量挖掘所有的新聞，很多新聞其實是由想爭取媒體曝光的一方所「製造」出來的，所以讓我們有了操作新聞的空間。

就拿剛剛所講的遊樂園新聞來講，為什麼遊樂園寧可花錢去買新聞做宣傳，而不拿這筆錢去買廣告呢？原因就是新聞報導比廣告更有公信力，效果比登廣告來的有效。

那是不是我們希望被新聞報導，都一定要花錢購買時段？答案是否定的。遊樂園的新聞之所以需要花錢購買，是因為它本身不具有新聞價值，所以只好走商業的途徑。然而，一個事件如果本身就具有新聞價值，記者原本就會報導，當然不需花任何一毛錢。所以，若我們希望自己成為新聞媒體報導的主角，或是想替所處的組織做宣傳，那我們就要用具有新聞價值的元素，來包裝想被報導的新聞事件，否則不會受到媒體的青睞。

舉例來講，一個默默無名的人傳緋聞，媒體是絕對不會有興趣報導的，但是如果是一個當紅的偶像傳緋聞，則會成為媒體追逐的焦點，因為名人的八卦本身就具備很強的新聞價值。假設一個默默無名的人，他希望藉由炒作緋聞來成為家喻戶曉的人物，那他就必須去追一個名人，藉由名人的新聞價值，把自己帶到新聞當中。過去曾有某英文補習班老師，高調追求某政壇女性政治人物，成為媒體報導的焦點，因而讓自己聲名大噪，用的就是這一招。

當然，製造新聞的能力是可以學習的，只要了解媒體對新聞產製的需求與運作常規，懂得如何和媒體記者打交道，就可以製造出媒體喜愛的新聞，得到免費的新聞報導。

熱門新興產業——行銷公關

透過舉辦活動或記者會，替商品或組織爭取免費媒體宣傳的過程，稱之為公關操作。舉例來講，在一則電視新聞報導中，有某個當紅模特兒在介紹自己維持牙齒潔白整齊的方法。她說自己每日定時定量地嚼口香糖，而畫面中這位模特兒背後的背板上，剛好出現某口香糖的牌子。很明顯的，這則新聞的來源就是口香糖公司所舉辦的記者會，其目的是為了提高自家口香糖的知名度與銷售量，此即常見的公關操作手法之一。

在上述的例子中，公關被當做行銷的工具，支援產品的銷售。和公關同屬行銷工具的還有「廣告」。廣告雖然是最常見也最花錢的行銷工具，但在實務上，已經有越來越多的行銷大師認為廣告的效益已在遞減中，反而是公關較能取得消費者的信任，在行銷上扮演越來越重要的角色。

雖然公關可以被當作行銷的工具，但公關的功能並不僅只於行銷。長久以來，公關跟行銷的關係在學界跟實務界上一直有著不同的爭論。有人認為公關屬於行銷，有人則認為公關與行銷的功能不完全重疊，還具備「塑造企業形象」、「危機處理」及「政治溝通」等功能。

擬定公關策略、從事公關活動的人員稱之為公關人員。公關人員可以存在於企業內部，也可以受聘於整合行銷公司或公關公司。公關業是走在流行尖端的行業，是時尚、創意、充滿變化的代名詞，容易接觸到各式各樣最新的事務，所以一直是很多社會新鮮人最想進入的行業之一。不過雖然很多人都對公關懷有憧憬，但不一定了解公關業在做什麼，也不知道需要具備哪些專業知識。

操作媒體報導及舉辦公關活動是公關實務的兩大主軸，做為一個公關人員，最起碼必須懂得如何操作媒體，以及了解如何舉辦一場成功的公關活動。此外，搞懂行銷與公關之間的複雜關係，對公關人員了解業務範圍及自我定位也很有幫助。

綜上所述，本書共分成傳播理論及實務兩大部分。在傳播理論層面，先介紹傳播的基本概念，然後從大眾傳播的效果理論開始談起，討論大眾媒體對閱聽人的影響，敘述大眾媒體在現代社會的重要性；接下來從各面向分析當代新聞媒體，介紹各種影響新聞產製的因素，讓讀者充分了解新聞媒體的運作規則，學習如何過濾出正確訊息。

有了上述基礎理論後，本書第二部分專注於公關的實務操作。先向讀者釐清行銷與公關的複雜關係，再來介紹公關活動的類型、公關議題操作的方式及媒體關係經營與管理方法。此外本書還將公關技巧應用在政治領域，討論選舉公關的策略與方法。最後，針對大眾媒體科技的發展，介紹新興的行銷策略。

這是一本傳播、行銷及公關領域的入門書，本書作者擁有十多年的傳播與公關實務及教學經驗，用深入淺出的文字，以及生活化的例子，兼具理論及實務，讓讀者讀完本書後，可以發現原來搞懂「傳播、行銷與公關」是這麼的簡單。

目次

大眾傳播應用篇——行銷公關實務操作

大眾傳播理論篇

——新聞媒體分析

第一章　傳播的基本概念

壹、何謂傳播

傳播是一種行為過程。人是群居的動物，在人與人的交往過程中，為了建立共同性，經常藉由說話、寫作、表情與動作等方式，與他人進行觀念、知識、思想及訊息的交換、傳遞與分享，這就叫做傳播（communication）。例如，情侶講電話、記者寫新聞告訴讀者前一天發生的大事、或是父親舉手示意呼喚子女，以上這都是傳播的進行。

美國政治學家拉斯威爾（Harold D. Lasswell）在 1948 年提出著名的傳播模式，初步界定了傳播五個要素，亦即誰（傳播者）、說什麼（訊息內容）、經由何種途徑（媒介）、對誰說（受眾）、產生什麼效果（效果）。舉例來說，課堂中有老師在對學生上課，這個老師就是傳播者，學生就是受眾，訊息就是上課的內容，媒介則是空氣，而效果則是要看學生有無吸收這些知識。

如果進一步分析傳播的過程，還可以再找出一些要素出來。其實，在傳播者傳遞訊息之前，還有經過一個製碼（encoding）的過程，接受者接受訊息之前也必須先解碼（decoding），所以製碼跟解碼也是傳播的要素。

什麼是製碼及解碼？製碼就是將欲傳播的內容轉化成可以傳播的符碼，而解碼則是將符碼轉化成可以理解的資訊。例如，老師在上課時，將腦中的知識轉化成口頭發出的聲音及臉部的表情，以便傳達出去，即為製碼；聲音含有不同的音波，透過空氣傳給學生，而學生用耳朵聽到了老師的聲音、用眼睛看到了老師的表情，解讀了老師要傳達的知識內容，將這些音波還原成我們大腦可以判讀的訊號，則為解碼。

用現代科技來解釋製碼及解碼可能更容易理解。以行動電話來說，當我們在跟朋友用手機通話時，手機的收話筒接受到我們的聲音後，會先將我們的聲音製成手機系統可以判讀的訊號，就是製碼；訊號發射出去後，我們朋友的手機接受到此訊號，將此訊號還原成我們原本的聲音，讓朋友能夠理解我們在講什麼，則為解碼。

傳播過程所遇到的干擾，則是另一要素。例如看電視時出現訊號不良，或是兩人講話時，旁邊發生巨響影響到對話的進行，都是屬於干擾。

貳、符號

符號是人創造出來、用來溝通的一種工具。任何象形圖案及聲音，被人們賦予特殊的意義，就成為了符號。例如文字、標點符號、數字、圖案、語言及摩斯密碼，都屬廣義符號的一種。

符號由三個部分所構成，第一是被創造出的符號本身，第二是此符號所指涉的對象，第三則是這對象被人們所附加的意義。以

「狗」這個符號（文字）來舉例說明，第一個部分就是那個由八筆劃構成的「狗」那個字，第二個部分就是那個會汪汪叫的動物本身，第三部分則是我們想到狗這個動物，可能想到「友善」、「看家」及「人類最好的動物」等意義。

符號所代表的意義必須透過學習，只有在群體內大多數人都學習到此符號的意義，此符號才能發揮用處。假設我們在公共場合看到兩間廁所，其中一個門口掛著「帽子」圖案的牌子，另一個掛著「高跟鞋」圖案的牌子，我們立刻明白前者是男生廁所，後者是女生廁所。為什麼？因為我們在這社會，透過上廁所的經驗，已經學習到「帽子」及「高跟鞋」這兩種圖案若出現在廁所的門上，就代表男廁及女廁，所以我們不會走錯。

若我們在國外的某張表格上看到其中一欄出現「TEL#」的符號，很多人可以明確指出「TEL」代表的是電話。那麼，「#」代表的是什麼意思？是分機的意思嗎？不是，其實它是「號碼」的意思，所以問你「TEL#」時，就是要你填你的電話號碼。那為什麼我們答不出來，因為在我們國內符號的使用上，「#」很少人被拿來當作「號碼」，所以不了解它的意思。從這裡也可以發現，不同群體所創造出來的符號也不盡相同。

由於不同群體創造出的符號不盡相同，而不同群體又有不同的文化，因此，從不同群體的符號中可看出它們的文化差異，以下以中文及英文來舉例說明。

中文對親屬稱謂有清楚的規定，例如爸爸的哥哥，我們要叫「伯伯」；爸爸的弟弟，我們要稱「叔叔」；媽媽的兄弟，我們則要叫「舅舅」，而且依他們出生的排序，媽媽的大哥叫大舅、二哥叫二舅……

依此類推。然而在英文裡，親屬的稱謂就沒這麼複雜。不管是爸爸的兄弟、媽媽的兄弟都只用一個單字來指稱，那就是「uncle」；父母的姐妹及父母兄弟的太太也一律稱「auntie」，不像中文裡有「姑姑」、「阿姨」、「嬸嬸」及「舅媽」的差別。由此可知，中華文化是比較重視家庭倫理，才會把每個親戚的稱呼分的那麼清楚。

同樣的符號，如果在不同的情境中出現，則會產生不同的意義及對話效果。情境包括實體的環境及對話雙方溝通時所處的情境。以實體環境來說，如果一個男生要向女友求婚，他選擇在高級餐廳表達求婚的內容，應該會比大白天在大馬路旁表達的效果來的好。

至於雙方對話的脈絡也會影響符號的意義，例如，甲女看到一朵花，覺得很漂亮，就問旁邊的乙女這是什麼花，沒想到乙女回答，「不要問我，我是『花痴』」。在一般我們對「花痴」的理解，是指某人見一個異性就愛一個，而且陷入很迷戀的程度。如果把「花痴」這個意義放到剛剛兩人的對話，當然就會覺得很好笑。然而，乙女想表達的意思，其實是「不要問我，我不懂花」。其「花痴」的「痴」就跟「路痴」（不會認路）的「痴」是一樣的意思。所以，同樣是「花痴」這個文字符號，在不同的對話脈絡裡，會產生不同的意義。

此外，人跟人在溝通時，傳播者先把腦海中想表達的事情製成語言符號，而接收者再把此符號進行譯碼的動作，轉化成他可以理解的意義。然而，不同的個體彼此經驗不同，語言能力也不同，所以，對符號的理解會產生落差，就會造成溝通的障礙。我們可以發現，有時候親子之間會產生代溝，雖然是採用相同的語言，但是父母講什麼，子女就是無法理解，或是子女講什麼，父母也都無法了解，這就是因為彼此經驗的不同，造成符號轉化的意義不同。

參、人類傳播的形式

一、內向傳播

即個人自身的傳播，也就是自己與自己對話，屬個人內在的心智活動，例如思考、寫筆記或部落格等。

二、人際傳播

個人跟個人之間的傳播，傳播範圍較小，可獲得立即的回饋。同質性是人際傳播的重要條件，例如使用相同語言的兩個人溝通起來會比使用不同語言的兩個人來的容易。人際間的同質性還包括擁有相近的教育程度、社經地位、宗教信仰或價值觀等。

三、公共傳播 VS 私人傳播

公共傳播是個人對群體、公開的單向傳播，包括下列兩種類型：

1. 面對面的公共傳播：受眾事先聚集在一公開的場合，與傳播者處在同一個空間，接受單向傳播，如演講、說明會及辯論會。
2. 透過媒介的公共傳播：傳播者透過媒介與受眾進行公開的單向傳播，如電影（受眾聚集在一起）與電視（受眾分散）。

相對於公共傳播，私人傳播也可分成面對面及透過媒介兩大類：

1. 面對面的私人傳播：例如情侶在咖啡廳交談。
2. 透過媒介的私人傳播：例如朋友透過電話或網路即時通討論事情。

四、國際傳播

牽涉到國與國之間的傳播，例如各國政府的外交及政治傳播、國際新聞處理、國際體育運動選手的交流、及個人與外國人士的郵件或電話來往。

五、組織傳播

機構組織內的傳播。在組織內，每個人的職務角色取代了原本的人格性，使得組織傳播產生特殊性。每個組織有其特有的規章原則，傳播方式也不太一樣，例如公務機關和外商公司間的傳播就有很大的不同，公務機關很重視分層負責，最基層的公務員要和機關首長溝通，必須上公文，而且中間會經過很多關卡，但外商公司的小職員若要和總部執行長溝通，直接發電子郵件即可。

六、大眾傳播

大眾傳播是指專業的傳播團體，運用現代的科技，將內容傳遞給廣大無組織的個體。

從大眾傳播的定義可看出它有三個主要的構成要素，第一就是要有個專業團體，例如電視新聞台裡就有專業的新聞團隊，有文字記者、攝影記者、採訪主任、編輯、總編輯、主播、導播及後製人員，彼此分工合作，共同完成傳播任務。

第二就是大眾傳播所傳播的對象廣大、不特定、分散、而且大多彼此不認識。例如電視節目一播出，只要是家裡有裝電視、收的到訊號的觀眾，都有可能成為這個電視節目的受眾。

第三，大眾傳播有運用到現代科技，譬如電視台會用到攝影、傳輸及剪接等技術，而印刷媒體也會運用到電腦及印刷等技術。

大眾傳播的對象廣大且不特定，通常無法得到足夠的回饋，即使是觀眾叩應或讀者投書，也都僅能回饋廣大傳播內容的一小部份而已，因此，收視率及閱報率就成了電視台及報紙每日參考的回饋管道，如果某一類型節目的收視率高，就代表觀眾接受這一類型的節目，那麼很快的，就會引起其他製作單位的大量模仿。像之前某歌唱選秀節目很紅，收視率曾高達 10%，立刻引起風潮，電視充斥各類選秀節目，直到觀眾看膩為止。（所以有製作人說，如果別的節目很強打不過，那就模仿它，把這種類型節目做到爛。）

由於科技的進步，媒體通路大量增加，大眾傳播已慢慢有分眾傳播的趨勢。例如網路媒體就有分眾傳播的特性，以專門討論手機的手機網來說，上這個網站瀏覽的都是想了解手機的網友，彼此具有同質性，還會組成喜愛手機的社群，這就是一種分眾傳播。至於電視，以前頻道數比較少，所以電視台製作的節目都是以大眾口味為主，在數位電視時代來臨之後，有線電視可傳輸 800-1000 個頻道，光是體育頻道，就可分成籃球台、棒球台、撞球台、高爾夫球台或游泳台等，不同運動的球迷可收看不同的頻道，如籃球台的觀眾一定都是喜愛籃球的群眾，這也是一種分眾傳播。

以上各種傳播形式的分類並不是彼此互斥，也有互相重疊的部份，例如大眾傳播也屬於公共傳播的一環，而國際傳播裡有人際傳播（如不同國籍人的交談）及大眾傳播（收看國外新聞頻道）。

第二章　大眾傳播理論

無論是從事行銷或公關宣傳，一定都會運用到大眾傳播媒體，而人際傳播在一些行銷上也扮演很重要的角色。為了解大眾傳播媒體及人際傳播對一般社會大眾的影響，這裡先介紹一些研究大眾傳播效果及人際傳播的相關理論，並提及這些理論在行銷上的應用。

壹、媒體萬能論

媒體萬能論是指大眾媒體的效果非常強大，閱聽人對它完全抗拒不了，只要是大眾媒體所傳達出的訊息，閱聽人都會很容易被其影響，導致認知、情感及行為的改變。

有兩個大眾傳播理論都是在闡述媒體萬能論，第一為「魔彈理論」，是指大眾媒體的效果就像子彈一樣，打進閱聽人的體內，閱聽人即應聲倒下，完全沒抵抗力；另一個理論稱為「皮下注射理論」，是指大眾媒體傳播的過程就如同打針，傳播的訊息被注射進閱聽人的身體裏，就如同解藥或毒藥一樣，身體立刻發生改變。無論是「魔彈理論」或「皮下注射理論」，都是在形容大眾傳播的效果非常強，差別僅在於形容的方式不同而已。

大眾媒體的效果真的有如此強大嗎？現代人或許會覺得很不可思議，但如果回溯至這理論提出來的年代，就會覺得沒這麼誇張了！

媒體萬能論是在第一次世界大戰前後所提出，當時各國剛經歷工業革命，大量農村人口離鄉背井湧入都市，社會由烏合之眾所組成，成員來自各階層，組織非常鬆散。原本農村的人際互動很頻繁，但到了都市後，一般人甚少與其他成員互動，加上戰時傳媒的大量運用，因此大眾對傳媒的依賴很深。

有兩件事可說明大眾傳播媒體在當時效果的確非常強大。第一是羅斯福總統當時的「爐邊談話」，他透過廣播與廣大美國民眾溝通，連政敵都被他的談話所說服，他還因此宣布競選連任第三任總統。

另外在 1938 年時，美國發生一個有名的「火星人入侵記」事件。當時紐澤西州 CBS 電台在節目中播出一齣廣播劇——「火星人入侵記」，敘述火星人攻佔地球的經過，其播出型態模仿新聞談話節目，還找來專家學者到現場評論。當主持人講出「火星人飛碟已停靠地球」時，成千上萬的美國民眾衝出家門，有的開始逃亡，有的拿武器準備跟火星人拼命，造成一股騷動。後來美國學者研究「火星人入侵記」對聽眾的影響，發現當時有六百萬聽眾收聽，其中一百萬人心理感到恐懼不安。

以現代的觀點來說，大眾媒體當然不可能造成前述時代的效果，觀眾對於傳播媒體的「抵抗力」比前人來的強。不過也有人說，每次觀看電視購物台，都會被購物專家所推薦的產品吸引，因而受不了誘惑打電話去訂購一些用不到的東西，全都堆在家裡，事後非常後悔，但下次又忍不住亂買東西，感覺就像被電視購物台的魔彈或針筒打到，毫無抗拒力。

貳、兩級傳播理論（Theory of Two-step Flow）

兩級傳播理論是有關人際傳播影響的早期研究，由凱茲和拉查斯斐德（Kats and Lazarzfeld, 1955）所提出。他們認為大眾傳播的效果並非如魔彈理論及皮下注射理論講得那麼萬能，實際上，個人——「意見領袖」（Opinion leader）的影響力對一般大眾來說可能更大。根據兩級傳播理論，意見領袖比一般大眾善於解讀及吸收大眾媒體傳播的知識與訊息，因此大部分大眾傳播的訊息，都是先傳達到意見領袖，再透過意見領袖影響一般大眾。

兩位學者研究 1940 年羅斯福與威爾基的總統競選時發現，選戰之初，俄亥俄州艾略鎮的選民有七成已決定投給誰，三成還沒有決定投票對象。而前者在真正投票時，有百分之十三改變了選戰之初的選擇。

兩位學者進一步研究那三成選民後來是如何決定投票對象，以及那百分之十三已決定投票對象的選民，是為何改變決定。結果發現，雖然每個候選人都運用媒體及文宣大量宣傳，但上述選民受到的影響很小，投票行為其實大多是受到人際傳播的影響。

上述選民可分成對政治較有興趣及較冷漠者兩大類，前者政黨傾向較強，在選舉初期已決定投票對象，而且不易改變其決定。他們會選擇性的去接收符合自己政治立場的訊息，大眾傳播媒體只能強化他們原來的態度與信念，無法改變他們的立場；至於對政治較冷漠的選民，比較慢決定要投票給誰，容易受到外在因素影響而改變立場。而那些意見改變的人，大多是因為人際間和親朋好友討論的結果，而非受到大眾傳播的影響。

兩級傳播理論強調意見領袖及人際傳播的影響效果。意見領袖是在某特定領域較深入了解的人，他們在這領域有較多資訊，對特定事物的掌握能力很強，而且樂於和大家分享，具備優秀的傳播能力，成為交換這方面意見時的一個主要消息來源。同時，意見領袖的社會交際網絡越大，他能發揮的影響力就越大。

現在由於大眾傳播媒體的發達，每個人都非常容易接觸到不同的媒體資訊，因此，兩級傳播的模式不見得可適用到每種情況。例如以重要的選舉來說，選戰期間媒體充斥大量候選人的活動，選民很容易就從媒體取得候選人的資訊，所以現代人的投票選擇越來越難受到他人影響，社會上經常傳出家人間因為支持對象不同而翻臉的狀況。

不過，意見領袖在我們現代社會中還是扮演一定的傳播功能，電視上有不少所謂的財經專家、美容專家及政治觀察家等，傳遞一些我們平常忽略掉的相關資訊，有時也是相當有收穫。

此外，現在許多行銷活動也會利用意見領袖的專業形象進行產品推銷，例如找美食專家推薦某項食品，或是找當紅藝人代言某品牌的化妝品，這都代表社會對於意見領袖的信任與重視。

另外一提，在人際傳播的行銷活動中，除了上述意見領袖的商品代言活動，還包括業務銷售人員、其他顧問的口語宣傳及商展或商品說明會等；非人際傳播的行銷活動包括廣告、新聞公關、促銷活動及消費的評鑑報告等。

參、創新傳布理論

創新傳布理論是指一個新事物或新觀念出現時，人們從知道它到接納它，會經過知曉、說服、決定、施行及確定等五個階段。

1. 知曉（knowledge）：個人得知有某項創新的存在，並瞭解到它的功能。
2. 說服（persuasion）：個人對創新產生一種贊成或不贊成的態度。
3. 決定（decision）：個人選擇去持用或拒絕用某項創新。
4. 施行（implementation）：個人去施行這項創新。
5. 確認（confirmation）：個人尋求支持以增強他已經做成的創新決定；但如果遭遇衝突的訊息，他可能會改變先前的決定。

例如以一個新上市的飲料來說，消費者要先知道這個飲料的存在（知曉），然後告訴自己這瓶飲料是好喝或是不好喝的（說服），接下來決定去買或不去買這瓶飲料（決定），決定要買，就真的跑去便利商店買（施行），而喝完飲料後覺得這飲料真的很好喝或不好喝，確認了自己的選擇沒錯或後悔自己的選擇（確認）。

不同的傳播形式在上述的不同階段中，扮演不同的角色。在「知曉」這個階段，大眾傳播媒體的效果最大，大部分的人均是經由大眾傳播媒體來知道新事物及新觀念的存在。但是在「說服」階段，大眾傳播媒體發揮的效果就十分有限，而以「人際傳播」的效果最佳。

在這階段，意見領袖就發揮了重大的作用，當意見領袖分享自身的經驗時，往往可以達到很好的說服效果。

當一個新事物被推出後，每個人從「知曉」到「確定」所需的時間不太一樣。有些人從知曉到確定所花的時間非常短暫，但這其中有的人是魯莽且不加思索就採納新事物，有的人則是經由審慎的評估才做出決定。後者的社經地位往往較高，進步且不莽撞，所以在新事物傳播時，常扮演「意見領袖」的角色，說服其他人「採納」或「不採納」新出現的事物。

創新傳布理論告訴我們，人際傳播對於說服的效果最佳，這在現代也有類似的研究給予支持。行銷調查公司尼爾森公司曾在 2009 年 7 月發表一項研究調查，說明口碑傳播力量大，極具廣告說服力。尼爾森公司針對超過 25,000 名、來自全球 50 個國家的全球網路消費者進行研究，有九成的受訪者相信個人的口碑建議，有七成的人相信網路上消費者的推薦與評價。個人口碑推薦與消費者在網路上的推薦與評價成為全球網路消費者最相信的廣告形式。

很多現代人要去採用一項新事物時，很習慣先上網搜尋一下網友對於這項新事物的相關評論。例如要去看一部電影，就先看一下網友對於這部電影的評價；或是要去吃一家餐廳，就先搜尋看看網路上對於餐廳的風評如何。尤其是餐飲住宿等服務業所提供的服務因為看不到摸不到，不像衣服或科技商品在購買前可以先試穿或試用，因此其他消費者的經驗就成為是否要去消費的重要參考依據。

在 web2.0 時代，各領域都出現一些點閱率非常高的人氣部落客，而這些部落客的意見在那些領域，就成了網友們對特定事物看法的重要參考。例如網路上有許多美食部落客，經常到各餐廳用餐，然後發表對該家餐廳食物、服務及環境的相關評論與照片，當這美食部落格的點閱率高時，就代表它可以影響的人數很多。

由於人氣部落客的興起，「部落格行銷」也因應而生。所謂的「部落格行銷」，就是找一個與欲行銷產品相關的人氣部落格，請這部落客發表一篇有利於產品的文章（通常需要花錢），讓網友們不知不覺受到影響。例如某家餐廳若要進行「部落格行銷」，就先找到一個美食部落格，邀請這部落客到餐廳吃飯，再請他發表有關用餐經驗的文章（當然是正面的），藉此打響餐廳知名度，吸引網友前去用餐。

不過，由於部落客行銷會讓消費者在不知不覺中受到廣告影響，可能會有受騙上當的情況產生，因此美國已經著手訂定法律，要求部落客在介紹產品的時候，要註明是否有接受廣告主的贈品或其他形式的酬勞。

肆、使用與滿足理論

使用與滿足理論強調閱聽人在大眾媒體傳播過程中「使用者」的角色。閱聽人並不是被動接受傳播，而是積極地根據自己的需求，選擇要接觸的媒體及訊息，以滿足自己的需要。因此，只有媒體資訊有被「使用」價值的時候，才會被閱聽人注意到。不能滿足閱聽人需求的訊息，無法對閱聽人造成影響。

使用與滿足理論可解釋為何我們每天看到那麼多電視廣告，但真正進入我們腦海裡的卻十分有限。一般人很難精確講出昨天到底看了哪些電視廣告，那是因為這些廣告對我們來說都是沒有用的訊息，所以不會特別去注意。然而，一旦我們想要購買特定產品時，就會發現那樣的廣告還不少。例如想要買房子，就會發現報紙充斥著建案的廣告，其實以前建案的廣告就是那麼多，只是因為沒有要買房子，沒注意到而已。

閱聽人及消費者都有「選擇性注意」的習慣，亦即外界訊息很多，但我們只會注意到跟我們有關、符合我們需要、感興趣或特別的事物。例如有時候看電視新聞一小時，有興趣的新聞我們才會特別留意，沒興趣的新聞則使我們注意力分散。廣告也是一樣，廣告時間常常就是我們上廁所、回電話、倒水或放空的時間，即使坐在電視機前沒有轉台，也不會特別注意廣告在播什麼，除非廣告內容特別有趣，才會看一下。但拍攝手法特別有趣的廣告，有時候又會讓人只注意到廣告的創意與人物，而忽略它賣的是什麼產品。

由於閱聽人與大眾媒體彼此間有「使用與滿足」的關係，政府過去常將一些重要、但又不容易引起閱聽人注意的訊息（例如政策），付費置入到一些收歡迎的偶像劇或鄉土劇中，編成劇情或劇中人物對話，讓觀眾在不知不覺中接受政策的宣傳。

例如一部知名的鄉土劇曾出現這樣的劇情：女配角因為得不到男主角的心，遭到壞人的利用，陷害了男主角。後來女配角良心發現，非常的內疚，每天躲在房間哭泣。她的爸爸很擔心她，就叫她弟弟帶她去看醫生。看完醫生回到家，弟弟跟爸爸出現以下的對話：

弟弟：「爸，醫生說姊姊得了憂鬱症。」

爸爸：「怎麼可能？姊姊之前都好好的啊！」

弟弟：「醫生說，得憂鬱症的人會有好幾種症狀。第一，會吃不下飯；第二，會睡不著覺；第三，會常常哭；第四，會想自殺；第五，會做什麼事都沒有勁。而以上這些症狀，姊姊都有，所以醫生診斷姊姊得了憂鬱症。」

爸爸：「原來如此！那我們要好好注意她，盯著她按時服藥，並且給她關心跟溫暖，幫助她早日恢復。」

其實以上這段對話，很可能就是衛生署為了宣導憂鬱症的防治與治療，將憂鬱症的症狀置入到連續劇的情節中。觀眾因為很投入連續劇的劇情，就會在不知不覺中因為聽了這段劇中人物的對話，而了解到憂鬱症的可能症狀。假使身邊有親朋好友發生類似症狀，立刻勸他們即早就醫，這樣政策宣傳就產生了效果。若衛生署不採置入連續劇的宣傳方式，僅刊登報紙廣告列出憂鬱症的症狀，讀者可能看都不看直接跳過，無法達到政策宣傳的目的。

以上這種置入的宣傳方式稱為「置入性行銷」。不僅政策可以置入到節目中，產品同樣可置入到節目、甚至電影及新聞中，以進行宣傳。本書下一章對置入性行銷有更深入的介紹。

伍、沉默螺旋理論

「沉默螺旋理論」是由德國傳播學者諾爾紐曼所創，諾氏在1965 年西德大選期間，某天早上及下午都遇到同一位女學生，這名學生早上夾克上別著一枚基民黨的徽章，然而，到了下午時，她夾克上的徽章就不見了。經過諾氏的詢問，原來是因為女學生班上大多數的同學都是支持另一個黨，這名女學生因為害怕被同學排擠，所以便隱藏自己的政治立場。

諾爾紐曼後來經過研究發現，由於人類有「害怕孤立」的弱點傾向，當個人覺察到自己對某論題的意見與環境中的強勢意見不一致時，「害怕孤立」就產生了作用，影響個人對此論題發表自己意見的意願，致使環境中的強勢意見越來越強，弱勢意見越來越弱，正如一個螺旋越轉越無力，最後終歸於沉寂。不過，持弱勢意見者並未改變其想法，他們僅僅是不願向外表達意見而已。

沉默螺旋理論主張媒體對民意的形成有重大的影響，因為媒體可以形塑環境中的強勢意見，直接影響人們對意見表達的意願。

2006 年的北高市長選舉，出現媒體民調與投票結果落差很大的情況，民進黨候選人的得票率明顯比民調預測的高出很多。當時很多人提出許多解釋的理由，而「沉默螺旋理論」也正可以解釋這個現象。

從 2006 年初開始，前總統陳水扁家族接二連三的涉入弊案，後來更發生紅衫軍的倒扁風潮，整個社會的輿論均指責前第一家庭的貪腐，連部分綠營人士也跳出來批評他們，而這股反對民進黨的輿論力量，形成一股社會上的強勢意見，以至於民進黨的支持者感到孤立，當然也感到灰心，不敢、也不願意表達支持民進黨的聲音，導致他們在接受媒體民調時不願表態。但是，不表達意見，並不代表他們就轉而支持國民黨，在從事秘密投票之時，就可安心的把票投給民進黨候選人，於是就出現了民進黨得票率遠高於之前媒體民調的現象。

我們常在選舉中看到候選人經常舉辦造勢晚會，動員很多支持者來參加。但仔細想想，會來參加造勢晚會的群眾，原本就是這候選人的支持者或是被動員來的人，候選人何必要辦晚會再向這群人拉票呢？其實這也是因為考量選民有害怕孤立的傾向，因此候選人要不斷的造勢，在媒體上營造一種萬人擁戴的氣氛，讓支持者覺得這個候選人的支持者很多，以堅定自己支持他的信心，進而勇敢幫這名候選人拉票。否則，如果覺得自己支持的候選人聲勢很低，那麼即使是支持他，但在害怕孤立心態的作用下，也不太敢站出來幫忙他，或許連去投票也無心了。

「害怕孤立」的另一種說法就是「從眾心態」，例如在選舉結果出來後，大多數選民都會表明自己是投給當選的那個候選人（雖然有時事實並非如此）；而一般消費者在選擇餐廳時，若看到餐廳裡沒什麼客人，那進去的意願一定不高。相反的，若看到餐廳外面大排長龍，就會想說這家餐廳一定有過人之處，因此會跟著排隊，或是下次有時間再來吃。因此有人說，雇一群人在自己開的餐廳外面排隊，也是一種很好的行銷手法。

陸、知溝理論（Knowledge Gap）

知溝理論是美國明尼蘇達大學提其納（P. J. Tichenor）教授在七〇年代所提出，此理論主張不同社會階層的人，接受知識的速度不同。當流入社會系統的大眾媒介資訊增加時，社經地位較高的人，吸收資訊的速度會比社經地位較低的人快，以致這兩者的知識差距會越來越大。這個理論點出，大眾媒介資訊對受眾產生影響的程度，會根據受眾的社經地位而有所不同。

為什麼社經地位較高的人，接收知識的速度較快，那是因為他們閱讀、理解和記憶的能力通常較強，可以記得較多的資訊，所以比較容易解讀大眾傳播媒體的大量資訊。另一方面，他們通常有較高的社會接觸範圍，能獲得更多資訊來源；此外，社經地位較高的人較常閱讀印刷媒體（如報紙、雜誌），而印刷媒體比電子媒體有更多深度的報導與評論，所以，高社經地位者能從印刷媒體上吸收更多的資訊。

我們現在身處一個資訊爆炸的時代，根據網路上廣為流傳的名為「Did you Know」的影片（由一位美國高中老師於 2006 年所做，朱學恆翻譯），美國紐約時報一週所包含的資訊量，超過十八世紀一個人一生可能接觸到的資訊；而 2006 年一年製造的資訊，比人類在過去五千年所製造的資訊還要多。在資訊不斷倍數增加的情況下，根據知溝理論，不同社會階層的人知識差距勢必不斷擴大。不過，從另一方面來看，資訊大爆炸的時代，不可能有人能吸取所有的知識，所以社會階層較低的人，在某些領域所吸收到的知識，也可能會比高社會階層的人來的多。

根據知溝理論，不同社會階層的人，對於資訊的吸收速度不太一樣，而且習慣接觸的媒體也不同，因此，當我們在從事行銷活動時，也要先確定溝通對象的屬性，採取不同的溝通媒介與溝通策略，才能達到最佳的傳播效果。

柒、涵化理論（Cultivation Theory）

涵化理論主要是在討論電視對觀眾的影響。理論指出，觀眾會無意間接受電視所傳達的價值觀及角色認同，所以長期暴露在相同電視訊息下的閱聽人，會被電視機灌輸相同的觀念，產生共同的世界觀、價值觀以及角色認同，這就是所謂的涵化。

例如，我們常常認為男生應該強壯、女生就應該柔弱，那其實是因為電視節目或廣告中常常把男生拍的很勇敢、把女生拍的很需要受到保護，加深我們對男生或女生角色的性別刻板印象。

再以「宅男」這個概念為例，根據維基百科，「宅男」的概念是源自於日本的「御宅族」，意指熱衷於次文化的人。但在台灣，「宅男」指的是那些常在家裡不出門、愛打線上遊戲、或是交不起女朋友、穿著不修邊幅、講話遲鈍的人，而這概念的轉換跟大眾媒體的刻意炒作話題有關，例如前幾年有新聞寫道「23 歲宅男上網到中風」，但看其新聞內容，不過是一名研究生必須經常使用電腦，導致病變而已。所以，大眾傳播媒體刻意傳達的價值觀及角色認同，確實會對社會大眾的觀念造成影響。

廣告亦是大眾媒體的一環。台灣曾有個線上遊戲業者，找來一個露出一大片胸部的少女擔任廣告主角，後來引起其他線上遊戲產品廣告一窩蜂的仿效。業者規劃此類廣告的用意，到底是想引起哪一類族群的注意？根據「線上電玩」產品的特性，一般人都會想到業者想要訴求的是那些經常待在家裡上網的所謂「宅男」。那麼，此類廣告似乎對「宅男」的概念下了註解，好像說，「宅男」都是喜歡裸露的大胸部女性？由於這類電玩廣告不斷出現，那大家對「宅男」又會多了一個「喜愛大胸部」的刻板印象。

現代人價值觀若產生變化，其實或多或少也是受到電視的影響。例如以社會大眾對整形者的看法為例，在十幾年前，有去整形的人大多不敢承認，要編各種理由來合理自己長相或身體為何產生變化；但在今日，進行整形手術的人大多勇敢承認，不畏懼旁人的眼光，這其實跟近年來電視上，不斷有女明星大方談論自己整形經驗有關，讓觀眾也覺得整型不是什麼不好意思的事。

電視對於閱聽人的價值觀雖然有所影響，但電視對一些角色的塑造，不見得完全符合這些角色的真實本質與特性。所以進行商品行銷時，在掌握目標消費者特性的部份，不能太依靠電視所形塑的刻板印象，還是必須進行精細的消費者研究，以防止失真的狀況產生。

捌、議題設定理論（Agenda Setting）

議題設定理論指出，新聞媒體每日報導有關公共事務、公眾人物或各類組織及人物的新聞，其所塑造出來的「外在世界」，會轉換成個人腦海中的圖像。社會上每天發生那麼多事情，每個人認為哪些事情是重要的或不重要的，其實是受到大眾媒體的影響。大眾媒體告知公眾有哪些重要的議題，即發揮了議題設定的效果。媒體並不直接影響大眾的外在行為，但傳播的內容卻直接影響大眾對外在世界的形象。

議題設定理論的起源為 1963 年的 Cohen，他當時認為大眾媒體雖不能告訴公眾「想什麼」(what to think)，但至少可以告訴公眾該「想些什麼」(what to think about)。例如，如果新聞不斷報導有關海峽兩岸要簽訂經貿協定的新聞，雖然媒體不能影響閱聽人如何看待此經貿協定（採支持或反對態度），但至少可讓閱聽人注意到這項經濟議題、覺得這項議題是重要的。

從議題設定理論的字面上來解釋，就更容易了解 Cohen 的原意。議題設定的英文為 Agenda Setting，其中議題的原文是 Agenda，而非 issue。Agenda 這個單字指的是開會的「議程」，即會議中要被討論之議案所排列的程序。開會者光看會議議程，僅能得知這次開會有哪些重要的議題，至於對這些議題的看法、應該採正面或反面的態度，則無法從議程得知，所以議程可以告訴開會者要討論些什麼，而不能告訴他們怎麼想這些議題。

大眾媒體的確會使我們注意到外界的事物，並讓我們覺得那件事情很重要。例如當颱風可能快要來時，新聞媒體都會整天報導颱風的動向，那段時間在社會上好像只有「颱風快來了」這件大事，雖然颱風可能後來並沒有來。

新聞媒體強調的重點，就會成為閱聽人認為的重點，而且媒體認為各項議題重要性的優先順序，也會成為大眾看待這些議題的優先順序。至於大眾如何區分媒體是如何看待各項公眾議題，則要看每個議題報導量（版面）的大小，及版面的安排位置。以電視新聞來說，排在越前面、播出時間越長的新聞，就是電視台認為越重要的；至於對報紙而言，版位越前面（例如頭版）、字數及篇幅越多的新聞，就是報社認為越重要的，依此類推。

到了 1996 年，研究議題設定理論的學者更認為大眾媒體除了可告訴大眾「想些什麼」，還能告訴大眾「如何想」。之前認為新聞媒體僅能夠將其所報導的「主體」之顯著性轉移到民眾腦海中，但其實新聞媒體還能將其所報導的「主體的屬性」（attributes）之顯著性轉移到民眾腦海中。例如以新聞媒體報導特定公眾人物為例，過去議題設定理論僅認為媒體能讓大眾對這個人加強印象，但現在則認為媒體對這個公眾人物好壞的報導，也會影響大眾對此人好壞的判斷。

從這角度來看，大眾媒體也具有形象設定的效果。媒體長期報導某公眾人物的某些屬性（例如帥氣、具備正義感、高學歷、無能或懦弱），當民眾想到此公眾人物時，這些特性便會浮現在腦海。而媒體報導某公眾人物的屬性時，採取正面、負面或是中性的態度，也會影響民眾對公眾人物這些屬性的好惡評估。

不過，媒體在報導某公眾人物時，僅會選取他的某幾項特性進行報導，通常強調某些特徵、淡化或忽略其他特徵，所以大眾對這個人的印象不見得是全面的。但民眾對於這個人物的圖像在腦海中一旦形成，要再改觀就不容易，公眾人物必須花加倍的努力在媒體上曝光以扭轉形象。例如有些行政首長因為不擅於在媒體前說話，因而被塑造成無能的形象，一直要到很久以後（甚至卸任後），所做的建設一項一項完工，民眾才會發現其實這位首長也是個有能力的人。因此，在媒體如此發達的今日，懂得新聞媒體的運作方式，以及學習如何跟媒體記者打交道，是一件非常重要的事。

第三章　當代新聞媒體特性及種類

壹、什麼是新聞？

關於新聞的定義有很多，有人說，新聞是「最新發生的事」，有人說「狗咬人不是新聞，人咬狗才是新聞」，有人說新聞「觸及到閱報人的切身生活」，也有人說「在閒來無事的星期天，什麼事都是新聞」。以上這些都是對「新聞」的片段敘述，有一些電視新聞時段出現的新聞，我們就很難說出為什麼它能成為「新聞」，換言之，有時我們真的很難用一個單一定義去定義所有的新聞。因此，有人就提出「新聞乃存之於新聞者也」，亦即無論它的屬性為何，有趣還是無聊，只要是新聞媒體所報導的內容（廣告除外），就是新聞。

貳、新聞媒體主要特性

一、重收視率

日劇「美女或野獸」是一部以電視新聞台工作為背景的連續劇，女主角松島菜菜子飾演一名強勢的新聞主管，她在第一天上任時，批評同事不懂得用偶像歌手的八卦做頭條，而用一成不變的畫面及冰冷的數據表格做新聞畫面，難怪電視台不會賺錢。

她進一步向反對她的同事解釋，「新聞就是商品」，新聞節目收視率上升五個百分點，就可以為公司提高一千萬元的營收，所以收視率對於新聞來說是非常重要的。她後來甚至採納男主角的建議，招攬一名穿迷你裙的女主播來播報氣象，只因這樣對收視率會有幫助。

為什麼收視率上升五個百分點，就可以為公司提高一千萬元的營收？這當然只是戲劇裡的說法，不見得精確，不過，在現實的電視運作上，收視率跟電視台的營收真的很有關係。

目前有線電視廣告的購買，是以「保證 CPRP」的方式計價。所謂 CPRP，是 Cost Per Rating Point 的縮寫，指廣告成本除以某節目廣告收視率後的每個收視點成本。而「保證 CPRP」，則使每個收視點的廣告成本固定下來，若節目收視率低，使得每個收視點的廣告成本較高，那廣告代理商要負責把收視點補足，多上廣告檔次，才能讓廣告成本維持在固定數字。如此一來，廣告收入和收視率綁在一起，對廣告客戶相當有保障。

在「保證 CPRP」出現以前，電視台是以廣告秒數來計價，即俗稱的「檔購」，收視率只是參考。而現在，由於收視率就等於是錢，所以各節目製作人開始對收視率斤斤計較，也衍生出許多電視亂象。

檔購	賣廣告秒數，熱門時段中的 10 秒鐘廣告單價約在 15000 元～60000 元不等，收視率只是參考。
CPRP	廣告成本除以收視率後的每個收視點成本，等於是在賣收視率。

亂象例子：電視台灌票

各電視台在轉播選舉開票結果時所出現的「灌票」行為，就是一種為搶收視率而造成的奇怪現象。所謂的「灌票」，是指電視台在報票時，不根據實際已開出的票數進行播報，而是自行編造票數，將已開出的票數灌水，使觀眾看到的票數比實際已開出的票數多很多。為什麼電視台要「灌票」？這是因為觀眾在看開票時，習慣拿著遙控器轉來轉去，看哪一台所報的票數比較高，而電視台將票數灌高，就可以吸引觀眾收看該電視台，以增加收視率。

電視台在灌票時，通常會事先預估該項選舉的投票率，以及各候選人大概的得票率，算出各候選人可能的得票數，再按比例算出開票過程中，各候選人在每個時間應該出現的票數。不過，電視台也有算錯的時候，例如 2004 年總統大選的開票過程中，某電視台就曾把某一組候選人的得票數，灌到比實際得票數還高，以致於出現後來票數倒扣的情形。該次選舉灌票非常嚴重，電視台飽受各界批評，才讓後來的選舉開票過程較少出現灌票的情形。

二、喜歡獨家

電視台對於獨家新聞的競爭非常激烈，觀眾常常可以看到電視新聞的一角被打上「獨家」兩字，代表此電視台非常的專業、用心，可以挖掘出其他新聞台所得不到的新聞訊息。然而，現在的獨家新聞十分浮濫，有時別家不想做的新聞，某家電視台跑去做了，也被打上「獨家」兩字，因此遭受眾人批評。

電視台愛好獨家，國內各家電視公司皆然。某家電視台曾規定各組組長要開主管會議時，一定帶兩條獨家新聞進去討論，否則不能進去開會；也有的電視台規定，每位記者一個禮拜要繳交一至兩條的獨家新聞題材給長官參考，因而讓記者承受很大的壓力，到處問身邊朋友有沒有獨家新聞可以提供。當然，電視台對於獨家新聞也有獎勵制度，如果記者挖掘出一條不錯的獨家新聞，則有可能領到不錯的獨家獎金。

以下就是一則讓記者得到獨家獎金的新聞報導。這條新聞剛好搭上當時最熱門的環保話題，並凸顯民眾想做環保、但國營事業卻不配合的狀況。

環保車限加柴油　加油站卻多不提供（TVBS 2007/7/19）

記者：楊鎮全　攝影：許甫　鄭凱文　報導

最近不少車商紛紛推出既環保，又比較省錢的柴油車，希望推廣環保節能概念，但 TVBS 接獲民眾投訴，說他開著新買的柴油車上路，卻發現在台北市的加油站，絕大多數都不提供柴油加油服務，以中油為例，台北市 41 處加油站，只有 16 個站提供柴油，這可讓柴油車主氣得痛罵，這實在太不方便了。

柴油車主葉先生：「請問有柴油嗎？」加油站員工：「沒有。」這家也沒有，那家也沒有，好不容易又找到一家，答案還是。加油站員工：「超級柴油，沒有，我們這邊沒有柴油。」

這會不會太慘了！車子就要沒油了，就是找不到一間有提供柴油的加油站，這讓剛買柴油環保新車的葉先生，差點昏過去。葉先生：「因為（當時）時間也非常晚了，而且車子已經顯示，只剩下 20 公里了，結果我們花差不多 20 公里，在找加油站，所以當初會非常緊張，怕沒有油，要找拖吊車。」

花了 1 小時，跑了 6 個加油站，實在不能怪葉先生運氣不好，因為台北市區，有提供加柴油的加油站，以中油為例，41 個駐點中，柴油加油站，只有區區 16 家。

葉先生：「當初買柴油車，是為了響應環保嘛，因為柴油車比較節約能源，耗油量比較少，結果我們發現說買了柴油車，要花更多油去找加油站，反而也沒比較環保，所以如果當初知道這情況，可能就會考慮會不會因為環保因素，去買這部車。」

葉先生才剛剛買下這輛柴油車，想為環保盡心，也希望能省點油錢，但現在卻連加個油，都好不方便。

三、全民投訴爆料風

大多數媒體都設有投訴爆料專線，一方面是為民喉舌，一方面也是增加獲得獨家新聞的機會，任何市井小民及路人甲乙丙丁，只要遇到什麼不平之事，都很容易找到向媒體爆料的機會。民眾若申訴的內容有道理，即使不認識任何記者，只要上媒體的網站留個言，或是打媒體投訴專線，立刻就可以獲得媒體的回應。（為確保是獨家，媒體首先會跟你確認是否只有跟該家媒體投訴。如果是獨家投訴，媒體受理的機會比較大。）

現在消費意識高漲，消費者的權益只要稍微受損，廠商即成為媒體監督的目標。尤其是因消費糾紛造成爭吵及混亂場面，消費者只要一通電話，電視台很有可能就派記者前來處理，造成商家很大壓力，促使現代商家比以往更加注重消費者權益。不過，消費者的申訴還是要合理，若經媒體調查，發現其中沒有可議之處，媒體還是會置之不理。

此外，由於科技的進步，現代人的手機多半具有錄影及照相功能，有些民眾若在路上看到不平或特別之事，就會將之拍攝或錄影下來，再提供給媒體。像前幾年有國道客運司機做出一邊開車一邊吃便當的危險動作，被旁邊車輛上民眾看見，結果他們就錄影下來，提供給電視台揭發。

四、區塊化、一窩蜂

每當社會上發生重大、或是比較容易引起話題的事件，電視台就會花很大的篇幅介紹這個新聞事件，把這個新聞事件切成好幾個角度、分成好幾則新聞，用一整個新聞時段區塊來報導，例如民國 92 年發生 SARS 疫情，當時只要打開電視，幾乎都是有關 SARS 的報導。其他如藝人的八卦、或是某大型健身房倒閉等新聞，都曾讓電視台用一整個區塊來報導相關話題。也正因為如此，電視台新聞處理就會出現「撿到籃子都是菜」的情形，只要任何跟重大新聞相關人、事、物，都會在那個時期成為媒體追逐的焦點。

五、業配新聞或置入性行銷新聞

業配新聞和置入性行銷新聞指的是，因為特殊商業目的而產生出來的新聞，或付費得來的報導。

業配新聞，亦即業務配合新聞，是指新聞單位為了配合廣告單位拉廣告方便，而配合採訪刊出的新聞。一般廣告客戶在媒體下廣告時，會要求新聞媒體在新聞版面也搭配幾條新聞露出。最常出現的操作手法，就是廣告客戶在開記者會時，直接透過廣告單位，要求新聞部派記者到場採訪，而電視台往往不敢得罪廣告客戶便加以配合。這樣所產生出來的新聞，稱為業配新聞，內容多以商品訊息為主。

置入性行銷，是指將欲行銷的事物（商品或政策），巧妙置入在媒體之中，以增加曝光的機會，達到廣告的目的。一般閱聽人通常不會發現這是行銷行為，往往在不知不覺中被潛移默化。

置入性行銷早期僅運用於電影中，某些廠商贊助電影的拍攝經費，而電影製片則將廠商的產品放在電影中當作電影道具，於觀眾不知情的情況下為產品做宣傳。例如 007 系列電影中，男主角戴的手錶與開的跑車，都可以看到很明顯的牌子；「慾望城市」電影中，也出現許多精品包包及鞋子。

近年來，因為廣告訊息過多導致個別廣告效益遞減，加上觀眾又習慣跳過廣告不看，因此許多廠商也透過置入性行銷的方式，把產品訊息置入到新聞或電視節目中做宣傳。其實，透過新聞介紹商品，其公信力更甚於廣告，因此，新聞置入商品越來越盛行，各新聞媒體還訂出相關收費標準，等於是把一則一則新聞當成商品在販售，成為一種非常普遍的商業行為。譬如觀眾可以發現，每到了寒暑假，某些電視新聞報導中就會出現很多特定遊樂園的新聞，有的時候新聞會特別介紹某些遊樂園的設施，有的時候會藉由訪問遊客的方式，透露遊樂園很值得去。這其實就是由遊樂園業者提供新聞媒體幾百萬預算，媒體則派駐一組記者待在遊樂園，於固定時間內強力報導遊樂園的相關新聞。大部分觀眾不會知道這類新聞其實是一種廣告行為，反而認為新聞報導中的遊樂園一定是經過媒體守門人的「篩選」，品質有一定的保證，因而選擇前往該地。

媒體「置入性行銷」服務的對象當然也包括政府單位，由政府提供一定預算，購買媒體固定則數的新聞報導。現在觀眾在電視上看到的一些有關政府機關政令宣導活動的報導，其實有一部份就是政府機關花錢購買的。這種情況在地方縣市政府及較冷門的中央機關更為普遍。由於媒體資源集中於台北，電視台派駐在其他縣市的駐地記者僅兩、三位，且地方記者跑新聞又以社會新聞為優先，自然無暇去報導地方政府的相關新聞。然而，近年來各縣市政府極力推動城市行銷，努力舉辦各種節慶活動吸引外縣市遊客前來觀光，在需要新聞媒體宣傳、又得不到媒體報導的情況下，只好編列預算置入性行銷，以保證自己所辦的活動及宣傳的政策一定可獲得新聞報導。

六、圖像溝通

無論是電視或平面媒體都非常重視視覺傳播，亦即用圖像的方式來向閱聽人訴說新聞故事。以電視新聞來講，畫面是最重要的構成要素，畫面好不好看、新聞場景是否豐富，是一條新聞好壞的重要評判標準之一。在晨間的電視新聞部份，有些新聞是由主播用口述的方式，介紹各大報紙報導的重要新聞。因為還沒有畫面可以搭配，就用該則報紙新聞輪廓來充當畫面背景，這時候，讀報主播的功力就非常重要，常常要講很多俚語及成語，用大量形容詞來形容新聞的場景，把新聞講的栩栩如生，否則，觀眾沒有畫面可看，很容易就分心轉台。

至於平面媒體，雖然是以文字敘述新聞為主，但有的平面媒體開始運用大量的新聞照片，所佔的版面甚至比文字還大，即使沒有取得當場的照片，也會用圖解的方式來介紹新聞發生的經過，可見圖像的比例越來越重。

七、狗仔八卦盛行

台灣現在的媒體，無論有沒有專屬的狗仔隊，但都很流行「跟拍」及「盯哨」。有的時候媒體的盯哨，是針對一些已經出事的公眾人物，例如之前台灣曾發生高額外交經費被中間掮客領走不翼而飛的事件，當時主導這個事件的官員因此下台躲在家中不出門，媒體每天就在他家門口進行盯哨的工作，所以每天有哪些人去他家見他，帶了什麼食物給他吃，全國民眾都可以透過電視，掌握的清清楚楚。

另一方面，有時候媒體的「跟拍」，則會把沒事的公眾人物盯到出事。例如演藝圈就常上演銀幕夫妻的其中一位因外遇被媒體拍到，因而導致離婚的事件；在政壇方面，也常發生男性官員及政治人物，被拍到和不是妻子的女性上汽車旅館，導致丟官或引起非議。

八、喜歡從網路取材

網路的發達，讓媒體多了一個新聞的消息來源。如果文章或影片在網路上獲得網友的熱烈迴響，通常也會得到新聞媒體的報導。以下是一些在媒體中常出現的網路來源：

（一）BBS

電子系統佈告欄（Bulletin Board System，縮寫 BBS）是年輕人常用的網路平台，在每個 BBS 站上，都會有許多不同屬性的版，網友可根據自己的興趣上不同的版發表文章或回應他人的意見。由於 BBS 上的文章分類清楚且流量大，有時社會上發生重大事件，媒體記者會去 BBS 上的相關版上找尋網友對這重大事件的回應，當作民眾的意見來報導；如果 BBS 上有文章獲得熱烈的討論，也會被媒體當做特別的事件來報導，例如過去曾發生，一所中部的男大學生在 PTT（熱門的 BBS）「hate 版」發表一篇被女友背叛的文章，結果當天夜裡有大約五千篇文章來回應此事，中國時報就在隔天的頭版頭條報導了這則新聞。

（二）部落格

在 web2.0 時代，寫部落格已經成為一種趨勢，媒體常常會上名人的部落格來看看有沒有可以報導的題材，許多演藝人員也很懂如何在部落格上發表具有爭議的言論，藉此炒作話題增加知名度；

如果一般民眾在部落格上發表一些不尋常或有趣的文章或照片，也能成為新聞媒體報導的內容。以下兩則新聞報導，第一則是有網友在部落格上分享如何讓素顏單眼皮變成會放電的電眼，第二則是網友在部落格抒發對政府推卸責任的不滿，兩篇文章都被媒體認為具有被報導的價值，因而成為電視新聞報導的題材。

分享彩妝術　素顏單眼皮變電眼女（TVBS 2009/3/30）

記者：張子銘　攝影：廖文漢　台中報導

靠著彩妝技術，單眼皮女孩也能像變成電眼美女！台中家商一名劉同學，在網路上分享她的畫妝心得，並且 PO 出她上妝前後的照片，從一個兩眼無神的女孩，變成雙眼水亮的美少女，讓網友忍不住驚呼，簡直就像是易容術！

照片裡，劉同學素顏單眼皮照片，兩眼小而無神，另一張照片，向上翹的眼捷毛，加上深厚的雙眼皮，眼睛又大又有神的女孩，你看得出來這兩個女孩，其實是同一個人嗎？

彩妝師洪湘斐：「有一種膠，那是白色的，然後在我們眼窩的地方劃一條線，然後再一個架子支撐住，30 秒之後就變成一個漂亮而且很自然的雙眼皮。」

專業彩妝師表示，彩妝技術的進讓，的確可以讓單眼皮女生不需動手術，一樣能變成電眼美女，但台中家商劉同學在網路上 PO 出自己的美妝心得，上妝前的照片，還是讓網友驚呼這樣的改變，簡直就像是易容術。洪湘斐：「單眼皮的女孩子，就是比較像單鳳眼，如果要讓她畫得比較大顆，就是可以用煙薰彩妝，在（眼皮）皺摺的地方畫得黑一點。」

單眼皮女生，除了貼雙眼皮、假捷毛，還能靠煙薰妝讓眼睛看起來更大更有神，再看一次劉同學上妝前跟上妝後的照片，就能印證，現代彩妝科技的神奇。

〈獨家〉卸責！　舉報危險招牌地方官互踢（TVBS 2009/2/13）

記者：楊鎮全、郭岱軒　攝影：楊清波　桃園報導

馬總統要求公務員要聞聲救苦，但接下來的案例剛好相反。有網友日前因為桃園縣一處招牌設置不當，讓他撞的頭破血流，因而向縣政府舉報；但縣府卻要求民眾先自行丈量馬路寬度，如果路寬不到 30 公尺，就得向桃園市公所舉報，這位網友也依規定向市公所報案，得到的答案，卻是他們會把轉交縣政府處理，讓網友氣得大罵這是鬼打牆嗎！

「有沒有那麼荒謬的行政程序？」葉先生在部落格向桃園縣政府嗆聲，為了是一塊招牌將他打傷。

網友葉先生：「我都沒想過，有一天我頭會撞到招牌，我跟我朋友講，我朋友都覺得很不可思議，那招牌真的是滿誇張的。」

重回現場，事發地就在這裡。TVBS 記者郭岱軒：「這塊招牌距離地面不到 150 公分，以記者 170 公分的身高一不小心，就可能撞得頭破血流。」

按規定，招牌突出路面不得超過 1 米 5，距離地面要高於 450 公分，這塊招牌距離地面約 150 公分明顯違規。

受傷的葉先生向縣府舉報，工務處回應，不是問危險招牌在哪裡，而是問路寬有幾米？因為 30 公尺以下道路，要向桃園市公所陳情，30 公尺以上則要向縣市府陳情。

葉先生：「安全的問題，應該要立刻處理，不應該拘泥於什麼，30 米以上以下，難道我還要帶皮尺在路上量嘛，我覺得這有點扯。」

工務處科長潘子儀：「只是我們在查報的階段是有分工，所以民眾不管跟哪一個受理，最後是回到縣政府來執行，拆除或者是補照的程序。」

強調有分工，但對即需解決問題的老百姓來說，這樣的公務單位實在欠缺聞聲救苦的同理心。

（三）有趣的影片

電視新聞通常會在網路上找一些有趣或點閱率高的影片來介紹，所以網友只要製作 kuso 的影片，並在網路上分享，就能成為電視新聞的來源。以下這則新聞，介紹一位賣傘廠商有趣的行銷手法：

自封傘王！KUSO 短片爆紅　傘超賣（TVBS 2008/4/9）

記者：朱詠薇　攝影：羅樹明　台北報導

有人靠著網路自拍 KUSO 短片，賣傘賣出名氣月入 30 萬，陳先生本業是網路企劃，無意間發現「傘」是門可以做的生意，突發奇想把介紹傘功能的自拍畫面 PO 上部落格，因為無厘頭搞笑風格，意外爆紅，現在每個月可以賣出 2、3 千把傘，連走在路上，還會被網友認出來。

拉上簾子，架起有點兩光的相機，5、4、3、2、1。傘王陳慶鴻：「跟大家介紹一把好傘，這把傘就是自動隨身傘。」

沒有大字報，完全臨場發揮，喜感十足的傘王已經自拍了 10 幾、20 部短片，在部落格上賣傘。陳慶鴻：「颱風天最怕什麼，對，最怕傘開花，傘開花會怎麼樣，對，會很糗。」

史上最殘酷對待，踩傘沒有壞是把好傘，為了表現這是把踩不壞的傘，風吹不爛的傘，還出外景到風力發電廠。陳慶鴻：「啊，無敵傘炸了，收回來了，再打開，仍然是一把好傘。」

甚至颱風天也把握賣傘機會，去年高達 17 級強風的聖帕颱風，把傘王的衣服都給吹翻，結果，傘還是把好傘！臨時以手機拍攝，畫質很不清晰，效果卻出乎意外的好。陳慶鴻：「（有同學說）我們學校是出了名風大，每次颱風完之後，校園裡面都一堆傘塚，就是傘的屍體。」

上網跟他買傘的網友愈來愈多，本來只是在家裡玩票性質，幾個月前，傘王掏腰包租下這個小小倉庫。

生意愈做愈大，發想一些無厘頭的怪功能，還幫傘取一些響亮的名字，這把繡花洋傘叫名媛傘；還有這把名氣響叮噹的無敵傘，讓原本是網路企劃的陳慶鴻，1 個月可以賣出 2、3 千把傘，月入 30 萬。

（四）針對事件到網路上找回應

例如有藝人夫妻離婚，就到網站上去拍網友的回應。以下這個例子，是有一個中國面紙廣告被媒體認為很瞎，但記者又不宜自己擅自批評，於是便用轉述網友留言的方式來做評論。

「面紙吸乾海水，台灣朋友過來玩」廣告遭批統戰又腦殘（今日新聞 2008/09/21）

科技中心／綜合報導

網路上近來流傳一則「統戰」味十足的大陸面紙廣告，老師和學生在海邊玩耍，卻有孩子突發奇想說，用面紙把海水吸乾，台灣的小朋友就能過來一起玩！

在廣告中，老師與小朋友的對話大概是這樣：「小朋友，你們知道海的那邊是哪裡嗎？是我們的寶島台灣，那台灣的小朋友為什麼不過來跟我們一起玩呢？因為隔著海呀！」

把台灣說是我們的寶島已經夠瞎，接下來還有這一句「用心相印（面紙品牌）把海水吸乾，他們就能過來玩啦！」

孩子的童言童語作為廣告創意，或許也是一種切入角度，只是這 idea 顯然有人不認同，民進黨立委批評這實在太統戰了，網友則留言說，「他們難道不知道，有種東西叫做船嗎？能想到用面紙把海水吸乾這也是一絕，這廣告太腦殘！」

也有人諷刺的說，「台灣小朋友不去玩是因為怕喝到祖國的三聚氰胺奶粉，也有人另類思考說，「女主角長的很正點」單純廣告引發的討論還真不少。

九、報導有可能出錯、以訛傳訛

有時媒體不經查證就報導了某個訊息，結果報導錯誤，還會引發別的媒體跟進，結果造成以訛傳訛，不僅對當事人帶來很大的困擾，也讓觀眾誤會。請看以下這則報導摘錄：

CNN 率先發烏龍消息　各家媒體以訛傳訛
海防隊軍演誤當恐襲　　華府虛驚

2009 年 09 月 12 日 星島日報

（本報綜合報道）華盛頓海岸防衛隊 11 日上午在五角大樓附近進行的例行軍演活動，被過分敏感的新聞媒體誤解成一次新的恐怖襲擊。有線新聞網（CNN）有關波托馬可河河面槍響的錯誤報道驚動整個首府，當局緊急調派聯調局（FBI）探員部署現場，並勒令附近機場航班停飛。

CNN 在社交網站 Twitter 上報道稱：「奧巴馬訪問五角大樓期間，海岸防衛隊與一艘可疑艦艇發生對峙，警訊掃描電台聲稱現場傳出槍聲。」在路透社援引 CNN 報道之後，霍士新聞也發布相同消息。連串錯誤的電視和網絡新聞報道，令民衆大為恐慌，以為 911 恐襲事件在 8 年後的當天重演。

事實上，波托馬可河上根本沒有槍響，更未出現任何意外。

CNN 全然未意識到這是一場軍演，而是報道稱，至少有一艘可疑艦艇入侵河中警戒區域，海岸防衛隊正在奮力追擊。CNN 的畫面上顯示出波托馬可河的河面，屏幕上方打出一行字幕：「重大新聞：海岸防衛隊在波托馬可河上向一艘可疑艦艇開了 10 槍。」畫面背景音說：「停止行駛，否則你將被子彈擊中。」

錯誤報道發表後，華盛頓當局立即下令 10 點 08 分至 10 點半期間從列根國際機場和波托馬可河沿岸所有機場的航班暫停起飛，共造成 17 架航班誤點。

參、新聞媒體種類介紹

新聞媒體大致可分為下列幾種：

一、報紙

（一）綜合報

即各類新聞都報導的報紙，具有政治版、社會版、財經版、生活版、兩岸版、財經版、影劇版、消費版、體育版、地方版及論壇版等各種版面。目前發行量較大的綜合報包括聯合報、中國時報、自由時報及蘋果日報。

（二）專業報

報紙報導的新聞偏向某一類型，例如以報導財經新聞為主的經濟日報及工商時報，讀者以產業界人士為大宗。

（三）免費報

報紙本身不收費，免費提供給讀者看，收入來自於廣告。例如在捷運內外所發放的捷運報 Upaper（聯合報系）及爽報（蘋果日報系）。

二、電視

（一）無線電視台

無線電視台包括台視、中視、華視、民視及公視，此類電視台一天只有在晨間、中午、晚間及夜線等幾個固定時段播報新聞，新聞時段較少，新聞受政府管制較嚴格。

（二）有線電視新聞台

台灣有多家 24 小時播報新聞的有線電視新聞台，例如 TVBS、年代、東森、中天、民視新聞台、三立、非凡等，中午及晚間新聞為其主要新聞時段，但其他時間仍會播報新聞或以談話性節目來討論新聞話題。新聞重播率高。

（三）有線電視系統台地方新聞

地方有線系統台也有自製的新聞節目，例如桃園的有線電視系統台——北桃園公司及北健公司，會在特定時段播報新聞，新聞內容以桃園地方及社區新聞為主。

三、網路

網路新聞是年輕人及上班族讀取新聞的主要媒介之一，包括：

（一）原生新聞媒體

有的網路媒體擁有自己的記者及編輯，網站上所呈現出來的新聞均是自家記者採訪得來的「原生新聞」，例如中央通訊社、今日新聞報（Now news）、自立晚報及鉅亨網等。

（二）實體報紙網路版

許多報紙另外擁有自己的新聞網站，而網站上的新聞大多取自於自家報紙記者所採訪的新聞，少部份會引用上述中央社等原生新聞媒體的網路新聞，如聯合報系的「聯合新聞網」、中國時報系的「中時電子報」、自由時報的「自由電子報」及蘋果日報的「蘋果電子報」。

（三）入口網站新聞

雖然許多讀者習慣上雅虎奇摩、蕃薯藤、hinet、新浪、pchome及msn這類入口網站讀新聞，但它們本身其實並無記者產製新聞，其所呈現出來的新聞，都是轉載自上述的原生新聞網站或實體報紙網路版。

以上這則雅虎奇摩新聞是轉載中央社新聞

四、其他

（一）廣播

廣播電台眾多，部分廣播擁有新聞時段，大多是在整點時播報十分鐘左右的新聞；也有以新聞為主的廣播電臺會在特定時段，播報一整個小時的新聞。

廣播具區域性，各縣市的廣播電台不盡相同，以台北為例，擁有新聞記者及新聞時段的廣播電台包括中廣、飛碟電台、警廣、漢聲、中央廣播、正聲電台及復興電台等；桃園縣擁有新聞記者及新聞時段的廣播電台則包括中廣、亞洲電台、先聲電台、寰宇電台、桃園電台及 IC 之音等。

（二）雜誌

市面上擁有的雜誌種類也是非常繁多，若依出刊的頻率，可將雜誌分為週刊、半月刊、月刊、雙月刊及季刊等等；若以雜誌的內容來分，可歸類為新聞雜誌、娛樂雜誌、財經雜誌、時尚雜誌、女性雜誌、健康雜誌、嬰幼兒雜誌、語言雜誌及汽車雜誌等等。

肆、不同媒體特性各有不同

一、電視媒體

（一）畫面最重要

電視新聞最重要的就是畫面，雖然電視新聞在播出時也有文字記者在口述新聞事件，但仍需要好看的畫面來吸引觀眾的目光。如果沒有畫面，電視記者將「巧婦難為無米之炊」，無法製作出好看的新聞。

若電視記者無法取得新聞報導所需的畫面，有時記者會用「模擬畫面」的方式來處理，請人演出「這段新聞」。例如，記者想報導過年時民眾都在看電視及打麻將，這時他可能就會請朋友做出看電視或打麻將的樣子，以利他們拍攝；有時候畫面不夠，記者自己也會出現在鏡頭前，「解說」新聞場景。

為了讓畫面看起來更吸引人，電視記者也可能做出一些誇張的動作。例如颱風時就經常看到記者穿著雨衣、身體浸在水裡、左搖右晃的報導新聞；也曾發生過記者要報導某處淹水的消息，趕到現場卻發現水不夠深，於是在新聞連線時「立刻蹲下」，這樣就讓本來「及膝」的水看起來「及腰」。

在一個新聞場合中，為了取得好看的畫面，攝影記者有時必須互相卡位，所以偶而也會傳出攝影記者在採訪過程中受傷的事件。

（二）在第一時間報導新聞

由於傳播科技的發展，為新聞的採訪和傳遞提供了有利的條件，速度已到達了分秒必爭的地步。發生重大事件時，電視記者會在第一時間到達現場拍攝畫面，而且會用最快的速度將新聞呈現在觀眾面前。每家電視台都有數台 SNG 車（Satellite News Gathering），即衛星新聞蒐集車，車頂有大碟子，車內有可傳送及接收電視訊號的器材，可將現場的新聞畫面，轉化為訊號打上衛星，再傳到電視台立即播出，讓觀眾同步目睹新聞的發生。

即使沒有及時的連線，電視記者也會很快把拍攝的畫面做成新聞帶子，在最近一節新聞時段播出。通常上午發生的事情，電視午間新聞就可以看的到；下午發生的事，晚間電視新聞就會播出。

（三）簡單、口語

讀者在讀報紙的時候，如果遇到看不太懂的地方，可以從頭再讀，讀到懂為止。然而，觀眾在看電視新聞時，若遇到看不懂的地方，卻無法倒帶再看一遍，因此，電視記者大多會用非常簡單及口語化的方式播報新聞，例如一瓶飲料十塊錢，就不會講成一瓶飲料十元，因為「十塊錢」比「十元」來的口語；同樣的，「一個禮拜後」，也不會講成「一週後」，因為「一個禮拜」比「一週」口語。此外，像「之乎者也」等寫文章才會用到的助語詞，在電視新聞中也不太會出現。

（四）沒時間久留現場

電視記者每天都在跟時間賽跑，一大早九點十點出去採訪新聞，要將新聞處理好趕十二點的午間新聞。接下來中午稍微休息過後，兩三點又要出去採訪新聞，然後回電視台製作帶子趕六七點的晚間新聞，行程非常的忙碌。因此，如果不是非常重要的事件（很重要事件會派 SNG 車），電視記者通常畫面拍足夠後，就會回電視台，很少會久留在新聞事件現場的。

（五）不喜歡太過複雜難懂的消息

由於每則電視新聞至多只有一分半鐘長，加上電視新聞又是以好看的畫面取勝，而且電視記者每天在跟時間賽跑，因此電視記者通常不喜歡報導太複雜、生硬、難懂的消息。例如，假設有立法委員召開記者會，把政府總預算拿出來做個總檢討，若立委無法把複雜的預算講的很簡單、易懂，那上電視新聞的機率就會很低。

（六）簡短快速表達論點

因為電視新聞的時間有限，每個受訪人物被訪問後，記者會選取的訪問畫面也不會很長。有時候受訪者講了一大串意見，只有幾句話的畫面會被記者剪到新聞中，而且常常這幾句話都不是自己覺得最重要的。為了避免這種狀況，受訪者在被記者訪問時，應該用非常簡短的方式來完整表達論點，這樣才有利自己覺得最重要的部分被記者選入電視畫面中。

（七）新聞題材具全國性

太地方性的事件，電視新聞沒有興趣報導（有線電視系統台地方新聞除外）。例如哪個縣市鋪了一條馬路，或是哪個縣市首長出席了地方上所舉辦的活動，這都比較難上全國電視版面。所以我們很少在電視上看到縣市首長的新聞（除非是負面的），不是代表他們沒在做事，而是因為電視台認為那都屬於地方議題，所以沒報導。因此，這也造成地方縣市首長為了曝光，大多會編列預算採購新聞（置入性行銷），以保證自己辦的活動或政績可以在電視上出現。

二、報紙

（一）可有較周密的準備

報社記者由於截稿時間較晚，因此白天發生的事情，通常都可有好幾個小時的時間來消化資訊，記者也會透過不同管道多方求證事件的真實性。也常發生一場記者會舉辦後，主辦單位接到記者電話要求再提供更進一步的資料。報紙由於可被保存及可被重複閱讀，一有錯誤很容易就會被發現，記者都會盡量避免這種情形發生。

（二）活動類較易被犧牲

一場熱鬧的活動往往會出現許多有趣的畫面，因此上電視新聞的機會相對來說也會比較高。例如我們常常在電視新聞中，看到某賣場開幕舉辦空中灑現金活動，很多去搶錢的人都帶了各式各樣的道具，有人用雨傘去接現金，有人則準備臉盆，而為了搶錢不免有肢體碰撞，互相卡位，出現許多趣味橫生的鏡頭。然而，像這一類的事件，就不容易上報紙新聞，因為文字較難敘述出活動時的趣味，而且這類事件的重要性也不高，跟民眾也無特別的關係，所以被報紙新聞犧牲的機會就會很大。

（三）偏好索取新聞稿　最好是以 e-mail 方式收到

舉辦活動的一方如果希望活動可以被媒體報導，大多會準備新聞稿，讓記者看到新聞稿，就知道這活動的重點為何。而主辦單位準備的新聞稿，通常是以平面媒體「倒寶塔式」的方式寫作。一篇好的新聞稿，可以讓報紙記者完全引用，不需做大幅的修改。所以報紙記者在寫稿時，大多會參考活動舉辦單位所準備的新聞稿，而且最好可以用 e-mail 的方式收到新聞稿的電子檔，這樣就可以免去打字所需的時間。

三、雜誌

（一）準備期長

雜誌出刊的間隔時間較長，不管是週刊、半月刊或月刊，雜誌記者至少都可以有一個禮拜以上的時間來準備每一期所要寫的文章。不過相對來講，雜誌每篇新聞報導版面也都比較大，通常跨好幾頁，所需準備的資料也比較多，寫作時間也比較長。

（二）獨特角度、深入趨勢

雜誌因為不是每日出刊，所以在時效性上不如電視及報紙，因此在報導一件讀者已經知道的新聞事件時，雜誌必須用比較獨特的角度，深入這個事件的背後去報導一些讀者不知道的真相，或報導一些其他媒體未曾報過的未來趨勢，這樣才能引發讀者的興趣。

四、網路

（一）版面較不受限

電視及報紙新聞會受到版面的限制，所以每則新聞在時間及字數上會有一定的控制，然而網路新聞比較沒有這樣的問題，每則新聞字數再多，也不會排擠到其他新聞，因此網路新聞往往字數都比較多。

（二）截稿急迫

新聞網站必須常常更新網站的新聞內容、快速傳遞訊息，才能吸引網友在同一天不斷上網閱讀新聞，所以網路記者的截稿時間非常急迫，等於隨時都是截稿時間。在新聞事件發生後，網路記者就要以最快的時間寫完新聞，立刻上傳至新聞網站，讓網友了解最新發生的新聞。

伍、同一場記者會，不同媒體處理方式不盡相同！

案例：桃園情人節

桃園縣情人節十大浪漫景點記者會

舉辦目的

■ 觀光行銷部分：

➢利用情人節行銷桃園景點。

➢創造話題性新聞、增加地方行銷機會。

■ 資訊部分：

➢提供民眾假日休閒去處

➢整合桃園優勢，發展地方特色，提昇桃園知名度

➢在重大節日前優先成為注目的焦點

活動時間：2006/2/8（三）

活動地點：桃園縣政府一樓中庭

活動主題：愛在桃園　桃園縣情人節十大浪漫景點記者會

參加對象：全國媒體及地方媒體

活動主軸：

- 縣長扮愛神邱比特幫員工徵婚

　　縣長以邱比特造型出席，說明今日使命，就是幫桃園縣政府優秀的單身員工徵婚。並且推薦情侶們桃園 10 大浪漫約會景點。

- 觀光行銷局長介紹 10 大浪漫景點

　　將桃園 10 大浪漫景點製作成影片，以視覺影像呈現讓與會媒體更加身歷其境，並由觀光行銷局局長將桃園 10 大浪漫景點介紹出來。

- 導演眼中看桃園

　　藉由訪問曾於桃園取景拍攝的導演，帶出桃園浪漫景點的美景，現場並播放拍攝作品，讓觀眾感受浪漫的氣息。

桃園縣長朱立倫扮邱比特幫員工徵婚

偶像劇導演看桃園浪漫景點

記者會後，請看下列這三則不同媒體的新聞報導：

（一）電視媒體

幫員工配對　朱立倫變身邱比特

【TVBS 2006/2/11 記者：廖宗慶桃園報導】

再過幾天就是西洋情人節，桃園縣政府趕在情人節前，幫員工配對，縣長朱立倫更裝扮成愛神邱比特，幫未婚員工牽紅線，還開自己玩笑說，要和台北縣長周錫瑋配對，合演斷背山。

頂著一圈天使光環，背上還長出一對小翅膀，桃園縣長朱立倫為了替縣府員工點鴛鴦譜，下海變身愛神丘比特，還大開自己玩笑。

桃園縣長朱立倫：「上禮拜去看斷背山。」記者：「那是同性戀的電影耶！」桃園縣長朱立倫：「我還沒講完，所以周錫瑋縣長說，很多人請他留下來，我想了想我還是不要跟他一起工作。」

想吸引女主角青睞，這名年輕男員工卯起來跳街舞，又是掃腿，又是扭腰的，跳的有夠賣力。另外還有這位男生說，只要對方覺得他的歌喉像劉德華，就是他心中的最佳女主角。

女員工也秀出刺繡作品，要讓男主角知道現代女性也可很賢慧的啦，其實桃園縣政府有 30%，也就是 1086 位單身員工，配對成不成功不重要，情人節的浪漫情懷要讓每個人甜滋滋。

（二）平面媒體

朱立倫扮愛神公佈桃園十大情人節浪漫景點

【大紀元 2 月 10 日報導】（中央社記者邱俊欽桃園縣十日電）

再過幾天就是西洋情人節，桃園縣長朱立倫今天扮成愛神邱比特，為桃園縣政府男女未婚員工牽紅線，同時也推薦縣內包括新屋鄉永安漁港等十大最浪漫的情人節景點。

朱立倫今天在縣府大廳扮起邱比特，不僅穿著天使的羽毛裝，還為縣府內未婚的男女員工牽紅線。朱立倫說，縣政府目前共有三千六百五十九名員工，其中單身者一千零八十六人，男生為五百一十五人、女生為五百七十一人，他希望在情人節前夕，單身員工都能找到心儀的另一半。

多位出席活動的男女員工，不僅學歷高，外型、才藝更是呱呱叫，贏得熱烈掌聲，也有女生主動獻花給心儀的男性對象，讓現場氣氛詼諧有趣。

觀光行銷局並票選出桃園縣十大情人節浪漫景點，包括新屋永安漁港、綠色隧道、復興鄉桃源仙谷、綠光森林、角板山公園、平鎮市綠風草原、大溪花海農場、大溪橋，觀音鄉向陽農場，桃園市虎頭山公園，希望提供情人節不同的旅遊選擇。

（三）網路

桃園十大浪漫景點　網友票選出爐！

【2006-02-12 大桃園旅遊網　張雅姍】

如果你是超級偶像劇迷，一定對劇組的拍攝地點瞭若指掌 說起「薔薇之戀」，你一定會想到桃園縣觀音鄉的向陽農場；若說到「貧窮貴公子」，位於桃園縣中壢市的中央大學將是你第一聯想的地點；而現在爆紅的「綠光森林」取景地點，也是桃園縣復興鄉新開設的綠光森林富野綿羊牧場。以上例子，說明桃園縣躍升為偶像劇新興的取景地點也不為過。

像是國內偶像劇導演楊一峰就相當推崇桃園縣景點。楊一峰表示，他在拍攝偶像劇時只要需要浪漫、有情調的景點，第一個想到的就是桃園，因為桃園不僅像世外桃源，而且觀光資源豐富，每一個景點也都相當用心在經營，有公園、花海、漁港、大溪橋等，景色一點也不輸給國外。

而配合西洋情人節，桃園縣政府觀光行銷局特別透過網路票選，邀請網友選出桃園縣十大浪漫景點，名單已於日前出爐。觀光行銷局長陳麗玲表示，桃園縣十大浪漫景點分別是復興鄉的桃源仙谷、綠光森林、角板山公園；大溪鎮的大溪花海農場、大溪橋；觀音鄉的向陽農場；新屋鄉的綠色走廊隧道、永安漁港；平鎮市的綠風草原以及桃園市的虎頭山環保公園。每一景點都各具特色，有的是迷人花海、有的是浪漫夜景、有的是壯麗海景，優美景色歡迎大家前往遊玩。

由於，獲選的景點大多是偶像劇的拍攝場所，若你還不知道如何與另一半過情人節的話，不妨參考一下網友推薦的十大浪漫景點，或許在偶像劇魅力的加持之下，你的戀情可能也會因此加溫喔！

報導比較分析

記者會的主軸共有三個:「縣長扮愛神邱比特幫員工徵婚」、「觀光行銷局長介紹 10 大浪漫景點」及「導演眼中看桃園」，以事後媒體露出來看，電視媒體只報導「縣長扮愛神邱比特幫員工徵婚」部分，對於景點則隻字未提，可以看出電視媒體只喜歡有趣的新聞畫面，不要太複雜的訊息；平面媒體報導了「縣長扮愛神邱比特幫員工徵婚」及「觀光行銷局長介紹 10 大浪漫景點」部分，偏向綜合性的資訊；網路媒體則報導了「觀光行銷局長介紹 10 大浪漫景點」及「導演眼中看桃園」，這是因為此家網路媒體偏向旅遊性質，所以僅報導跟旅遊有關的訊息。從以上三則新聞報導可以看出，即使去採訪同一事件，但因為本身媒體屬性的不同，呈現出來的新聞角度也會不一樣。

第四章　媒體的守門行為

壹、守門行為與新聞守門人

如上一章最後所述，縣政府辦一場記者會，不同的媒體對於訊息的選擇會有所不同，新聞的呈現也不一樣。這是因為消息來源將公關訊息發布後，媒體會扮演守門人的角色去篩選這些組織或個人所發布的公關新聞。一則公關訊息，最後能不能成為媒體報導的新聞，中間有許多關口，這種把關的機制稱為媒體的守門行為，而把守這些關口的新聞從業人員在新聞學上則稱為「守門人」（gatekeeper）。在新聞製作的過程中，每個曾經參與意見和行動的人，都可以算是新聞的守門人。了解媒體的守門行為及守門人的工作規範，將有助於組織或個人的新聞順利被各媒體報導。

「守門」（gatekeeping）行為的研究最早由社會心理學家 Lewin（1947）所提出。他指出，任何訊息的流通，必須遵循某些通道才能成為新聞，在這些通道中設有重重的關卡，由守門人來把關，因此，一個事件能否成為新聞報導的焦點，均取決於守門人的決定。

自 1950 年代以後，守門人理論持續受到新聞學者的重視，如 Westley & Mclean（1957）提出 ABX 模式，指稱一般社會事件大都透過消息來源發出，經大眾媒體（守門人）篩選節錄後，成為一般閱聽大眾關心的社會話題。（臧國仁，1999：77）。

Gieber（1964）在研究記者與政府官員的關係時，發現團體或朋儕對編輯的取捨新聞有壓力存在，因此他對「守門人」採取了更廣泛的定義：與整個新聞蒐集系統或訊息流通有關的人，都可以稱為「守門人」，其中包括記者、編輯、讀者、及訊息提供者（消息來源）。

Bass（1969：72）在描述守門行為時，將新聞產製的過程分為「新聞蒐集」（news gathering）和「新聞處理」（news processing）兩個階段。第一個階段發生於新聞採訪者（news gathers）（如記者、作家）將「未加工新聞」（raw news）（如事件、記者會、公關稿）變成新聞稿；第二階段則發生在新聞處理者（如編輯、校對、譯者）依據第一階段的新聞稿，修正和合併各項消息成為「完成的產品」（completed product）。

依據這個流程，一個組織召開記者會或發布新聞稿後，主跑這條線的記者是媒體內部的第一個守門人，他可以根據自己的專業判斷，對新聞事件做某種程度的取捨，決定是否要報導這則新聞、報導篇幅的大小、以及報導的角度，然後再寫成新聞稿。而記者寫好的稿子，還要經過媒體內部其他新聞工作者的審核、過濾、取捨、修改及增刪。這些人包括記者的直屬長官、編輯、製作人、編採主管、或媒體的負責人等等，他們均為媒體內部的守門人。

貳、守門問題——影響新聞產生的因素

剛剛提到，在新聞製作的過程中，與整個新聞蒐集系統或訊息流通有關的人，都可以算是新聞的守門人。而在這守門過程中，許多存在於媒體內或媒體外的因素，都會影響最後新聞出現的面貌。

Shoemaker（1991）將這些守門問題歸納為五個分析層次，一為個人層次（如個人特質、角色期望、工作型態）；二為新聞工作常規層次（指傳播者重複出現的工作模式，如新聞價值、客觀、平衡報導、倒寶塔式寫作等）；三為組織層次（如組織的特徵、社會化）；四為媒介外部因素層次（如消息來源、受眾、市場、廣告主、政府、公共關係等）；五為社會系統層次（如文化、意識形態）。

一、個人層次

媒體工作者的個人立場、特質、角色期望及工作型態，均會對他們所產製之新聞造成影響。舉例來講，有的記者習慣跟採訪對象維持良好關係，有的則持保持距離的態度，那他們採用公關訊息的機會就不盡相同；以記者對新聞工作的角色期望來說，有的記者認為自己只是個客觀的報導者，有的則認為自己必須做好監督者的角色，他們對某個事件的報導也會不一樣；此外，若以工作型態而論，有的記者勤於參加組織所召開之記者會，而有的記者則習慣不出席記者會，事後再索取新聞稿或打電話問消息，兩者所產生出的新聞必然有所差異。

二、新聞工作常規層次

媒體工作者在採訪或編輯新聞時，會受到一定工作模式的影響，而使新聞呈現出特定之面貌，譬如新聞要符合一定之新聞價值、新聞處理要符合客觀和平衡報導原則，及新聞寫作要採取倒寶塔式寫作等。Walters & Walters（1992）分析美國某一政府部門所傳送的 238 篇文宣資料，發現稿件的發出率與上報率之間並無直接正相關，關鍵在於新聞發布稿的內容是否符合新聞常規運作的要求（臧國仁，1999）。因此，公關人員若熟知新聞常規運作，將可大幅提升搏版面之機會。

傳統的新聞寫作以「倒金字塔式」（或倒寶塔式）為原則，所謂「倒金字塔」的寫作方式，就是將新聞的重點放在首段，而將次重要部份放在二、三段。由於新聞是一種「反高潮式」的寫法，寫作者通常在文章開頭就將故事重點標明，細節則在內文加以補充。（孫秀蕙，1997）

三、組織層次

媒體組織本身之意識型態或經營目標與方式亦會影響其新聞之產製，例如以政治立場來說，台灣目前部分媒體呈現藍綠對峙，若涉及政治新聞，可以明顯發現他們處理新聞角度的不同；此外，台灣媒體眾多，彼此市場定位也不太一樣，有的以經營年輕市場為主，有的走專業財經路線，有的則以綜合性媒體自居，這些媒體在遇到同一個新聞事件時，取材的角度必定各有所需，所產生出的新聞內容必然也會不同。要注意的是，不同定位的媒體會吸引到不同屬性之觀眾及讀者，因此，公關人員在與媒體打交道時，亦要先考慮清楚欲傳播之目標族群屬性，再考慮要在哪些媒體上多下功夫。

四、媒介外部因素層次

消息來源、閱聽人、市場、廣告商、政府及利益團體等媒體外機制，均會對守門人處理新聞造成影響。

以消息來源來說，他在告訴媒體訊息時，其實已經做出訊息篩選的動作。若消息來源本身為組織的公關人員，那他一定會隱略掉不利組織形象的相關訊息，只告訴媒體有利於組織的部分。至於閱聽人，也可透過讀者投書或是意見反應的方式，來對新聞做出回饋。媒體也會很重視市場的反應，市場上比較接受什麼樣型態的新聞，就代表這類新聞有較高的收視率及讀報率，那麼，媒體當然會去迎合市場的口味，多產生這類新聞。

此外，廣告商在向媒體購買廣告時，有時會附加要求媒體報導有利廣告主之新聞，若媒體報導不利於該公司的相關新聞時，廣告主還會用撤廣告來威脅，希望媒體不要再播出這則負面新聞；而現在各級政府也經常透過置入性行銷的方式，給予媒體預算，要求媒體配合報導固定篇幅之政令宣導新聞，或是用罰錢或撤照等手段，管制不當新聞的播出，這些都是屬於媒體外部因素影響新聞守門之例子。

五、社會系統層次

社會文化及意識型態也是形塑守門人守門行為的重要因素，例如台灣和大陸之意識型態不同，兩地的新聞守門人產製之新聞也大不相同，台灣新聞面貌較多元，而大陸之管制較多，相對而言較保守。

新聞產製的過程中，上述五個層次的守門行為，都會影響一則公關訊息最後在媒體上所呈現的面貌，因此，公關人員在從事新聞發布工作時，必須熟知媒體的守門特性，才有助於新聞發布工作的進行。例如，熟悉個人層次守門問題，可以有利於與記者之間的互動；熟悉新聞常規層次守門問題，可以了解如何發布出符合新聞要求之新聞稿或訊息；熟悉組織層次守門問題，可以幫助公關人員因應不同之媒體調整自己之新聞發布策略；熟悉媒體外部因素層次守門問題，可以知道各種影響媒體的「非新聞性」途徑。

參、新聞價值

世界上一天發生這麼多的事件，哪些會被新聞工作者報導，依據的就是新聞價值，所以新聞價值是媒體守門行為最重要的標準之一。組織或個人發布的訊息或舉辦的活動事件（event）能否成功搶佔媒體版面，最重要的就是看該項訊息及事件是否具有新聞價值。

所謂「新聞價值」，簡單講，就是一個事件被報導的價值，它是新聞記者用來判斷事件重要性和新聞性的標準，也就是說，新聞價值是新聞工作者選擇事件的「標準」。一個社會事件包含越多的價值變項，新聞性就越高。（臧國仁，1999）

「新聞價值」的概念相當分歧，同時並無實證研究支持共同的新聞價值。Shoemaker（1991：52-53）指出新聞價值是多面向的，不同的研究發現了不同種類的新聞面向。另有研究也顯示不同的媒體對「新聞價值」的判斷並無共識（Luttbeg,1983；Foote & Steel,1986）。1982 年以前十年內美國大學新聞科系最常使用十四本新聞寫作教科書，不同作者對「新聞價值」的定義沒有共識，和新聞價值相關的名詞多達 43 個（Eberhard,1982；轉引自蘇蘅，1995）。

以下就針對一些常見的新聞價值進行解釋並舉例說明：

普立茲獎創辦人認為的新聞價值

普立茲獎是國際上最有權威的新聞獎，他的創辦人亦是新聞界的權威，他認為的新聞價值包括：原創性、有特色、獨一無二、戲劇性、浪漫、驚悚、震驚、令人好奇、古怪有趣、奇特、幽默、易成為話題。

（一）原創性

新出現的事物或操作手法，以前從來沒見過的。例如若有人發明一台三合一的電視機，既可以看電視、又可以烤麵包、還可吹出冷氣，那一定會被媒體報導；此外，電視上常出現有很多創新的求婚動作，例如邊跳傘邊求婚。若只是把女朋友帶到海邊，然後說「我們在一起十年，我不想再這樣下去了，我們結婚吧！」這樣媒體絕對不會有興趣，因為太老套了！

（二）有特色、獨一無二

一活動或物品跟別人不一樣、有自己的特色、不尋常，那就具備新聞價值。例如同樣是服裝走秀，若是在飯店內舉辦，就沒什麼特別，因為大部分的服裝走秀都是在飯店舉辦。但如果是在捷運裏或是公共廁所舉辦，那就有特色了，媒體報導的機會也會較高。此外，獨一無二的事物也一定具有自己的不尋常性，所以會成為媒體焦點。例如若世界上只有某個兩歲的兒童會吞火，那個兒童一定會吸引媒體的注意。

（三）戲劇性

有些事件本身很戲劇性，就會吸引媒體的注意。例如台灣曾發生一個高中生扮占卜師騙倒前總統的事件，被報紙用頭版頭條處理，還被喻為電影「神鬼交鋒」的台灣版。

（四）浪漫

浪漫的事件常常讓人感動，所以很受媒體青睞。例如新聞中常出現男生向女生求婚、或是老夫老妻互相扶持的故事。

（五）驚悚

看起來或想到就覺得很恐怖的事情，例如新聞曾報過有個大陸女子的頭髮被捲進碎紙機裡，差點連頭都被捲進去。

（六）震驚

事件讓人覺得不敢相信，產生震驚的感覺。例如之前發生國內職棒的打假球案件，甚至有大家最喜愛的旅美棒球選手涉入，讓球迷覺得不可思議。

（七）令人好奇

每個人都具有好奇心，因此若出現令人好奇的事物，也會引起媒體的討論。例如幾年前台北街頭曾出現巨型的看板，上面有一個男生拿著一束花，旁邊寫著「曉玲嫁給我吧！」後來這位男生甚至買電視廣告，捧著花對鏡頭說「曉玲嫁給我吧！」因為廣告出現的頻率很高，引起大家的好奇，想說到底這個人是誰，並引發媒體的報導與討論。結果答案揭曉，這是一個銀行所打的樂透彩廣告。一個廣告能引起新聞媒體注意，靠的就是引發了民眾的好奇心。

（八）古怪有趣、奇特

一些怪異的事情也會引起媒體的注意，例如媒體對一些所謂的「怪咖」都很有興趣；新聞也曾報導過有一隻公雞會邊走路邊踢正步，所以主人都捨不得殺牠來吃，這都是屬於古怪有趣與奇特的例子。

（九）幽默

新聞有時會報導令人覺得幽默或好笑的人事物，比較幽默的公眾人物，就比較容易獲得媒體的青睞。

（十）易成為話題

如果一個事件很容易成為大家茶餘飯後的話題，即具備新聞價值。例如一個名人的八卦、一部熱門的電影（如海角七號）、或是一個新科技的使用（如 facebook 的流行），容易引起大家的討論，也成為新聞的題材。

另外還有非常多的國內外學者歸納出許多新聞價值的類型，包括：

（一）時宜性

或稱時效性。新聞非常重要的要件就是「新」，越新的資訊越受歡迎。新聞必須報導剛剛發生的事件，時間越近，新聞價值越大，舊聞對讀者沒有價值。此外，若事件發生很久，但有了新的資訊，也符合時宜性。例如某個世紀懸案有了新的線索，或是本來未公開的重大事件在好幾年後解密，也都具備一定的新聞價值。

（二）顯著性

人的顯著與事的顯著。有名的人、地方、公司或事件被媒體報導的機會較高。觀眾較為關切他們所認識的人、事、物發生的事情，所以媒體喜歡報導知名公眾人物的動態。同樣的，知名企業也比較容易成為媒體關心的焦點。

（三）人情趣味、感人故事

人情趣味是指有關人類或其他動物發生的事件能使讀者深受感動。例如新聞曾報過有個六旬老婦人在大賣場偷襪子被抓到，偷襪子本身雖並不稀奇，但是她偷襪子的原因是因為天氣變冷了，她八十多歲的媽媽沒襪子穿會冷，她怕媽媽冷才偷襪子，此即有人情趣味，所以被媒體報導。

（四）衝突性

包括意見的衝突及身體的衝突。媒體特別喜歡報導有衝突的事件，而且會去放大衝突的點。例如一個國會議員在質詢的時候，講很多有道理的事情，媒體可能都不會報導，但只要他拍桌子大罵官員，這個畫面就會被選進新聞裏。

（五）影響性、重要性

一件事情受影響的人有多少，常常決定讀者的範圍有多大。事件發生後，受影響的人越多，波及的地區越廣，影響程度越深遠，它的影響力越強，自然是大新聞。另外，一件事發生後如果有造成重大的影響，即被視為重要的事情，具有重要性。例如，颱風要來了，新聞台一定會密切注意颱風的動向，因為颱風影響的層面非常廣，非常重要。

（六）接近性

事件越接近民眾生活、事件的發生地點與讀者越近，越能引起媒體與讀者的關切。如果事情發生在自己附近，報紙讀者的興趣自然大於發生在別的國家的事情。例如新聞會用大篇幅去報導國內所發生的重大災害，國外的重大災害就只能佔到國內媒體小小的篇幅。

（七）變動性

新聞之價值與變動程度成正比。變動越大、越深、越急，新聞價值就越高。例如地理上的變動（例如颱風造成土石流）或是公眾人物行為的變動（政黨重要幹部忽然退黨或轉換黨籍）。

（八）正面事件、社教意義

媒體會報導正面及有社教意義的事件，凸顯其公益性。具有社教意義的新聞並不一定都是很嚴肅的題材，它也有趣味性的一面。例如，媒體曾報導一位國小學童拾金不昧，撿到了一大筆錢，不佔為己有，拿到警察局交給警察，原因是他看了「長江七號」這部電影，受到周星馳的啟發。這則新聞還引發了周星馳的關注，決定要給這位學童獎學金，鼓勵他的善心。

（九）關於兒童的

媒體較關心和兒童相關的事物，任何事件扯上兒童，或是學校發生的事情，均會容易成為媒體關心的焦點。例如曾有一家補習班開設「潛能開發」的課程，要求一名五歲小朋友空手將木板劈開，此畫面就不斷在各大電視新聞台重複播出。

（十）帶領趨勢的

媒體會報導趨勢性的東西，或未來可能流行的事情。例如新聞曾報導現代人健身已很少去健身房，轉而去練瑜珈；或是女性又開始流行穿有墊肩的衣服。

（十一）有關假期或慶典的

在重大節慶的前後，媒體通常會報導跟那節慶相關的事件。例如農曆新年期間，媒體就會報導大家採買年貨、或是春節出遊的事；情人節時，則會報導餐廳所推出的情人節套餐、或是玫瑰花有沒有漲價等受到情人節影響的題材。

（十二）先前事件的後續演變

即持續性，當一個事件被認為具有新聞價值，若有後續發展，會持續被媒體注意及關心。例如重大災害的後續救災情形，或是重大司法案件的後續偵辦狀況，都會不定期出現在媒體上。

第五章　消息來源研究

壹、何謂消息來源

我們常常聽到新聞報導說「有消息來源指出……」，或是「根據可靠的消息來源……」，一般來說都會把消息來源想成是指特定的個人，也就是現在大家常聽到的「爆料者」，其實，廣義的消息來源不只是特定的個人，還包括印刷文件、活動來源等等。凡可以成為新聞素材的任何資料，皆為廣義的消息來源，當然其中還包括公關人員舉辦的各式公關活動以及發出的新聞稿。

媒體產製的新聞當中，有很大一部分都是有消息來源先提供媒體記者題材，記者再據以採訪而成。無論是電視台或平面媒體，每天都會收到來自四面八方、各式各樣的採訪邀請函以及新聞稿，若媒體覺得其中有值得報導之處，就會派員進行處理。一個記者不可能單憑自己的力量跑新聞，某些新聞若非有消息來源提供給媒體相關訊息，媒體根本挖掘不出來。例如，前幾年曾發生有演藝界主持大亨凌晨酒駕事件，媒體當時就做了大幅的報導，然而記者不可能半夜不睡覺在路上閒晃剛好遇到此事，自然是有在場的警察告訴媒體前來採訪，因此，警察就是此新聞事件的消息來源，若不是警察告知，媒體是無法得知此新聞的。

國內外的研究對消息來源的定義並未統一。國外方面，有學者將消息來源分為「印刷文件」（官方檔案或新聞稿）、「活動來源」（如記者會）及「個人來源」（專家或政府官員）三類（Atwatr & Fico，1986）；也有學者（Strentz，1989）將消息來源分為「傳統」和「非傳統」兩類，前者指記者透過傳統採訪方式（如採訪路線、公關人員、記者會、或公共資料等取得的資訊），後者則是以比較不尋常之接近方式取得資訊，例如準確性新聞報導、少數民族團體、或甚至恐怖組織。（臧國仁，1999：161）

國內方面，鄭瑞城（1991：81）整理 1988 年至 1991 年國內有消息來源系列研究，提出消息來源的綜合定義如下：

> 「廣義的消息來源」，泛指能作為新聞素材的任何資料。這些資料是新聞工作者透過人物訪問、蒐集之文件和觀察所得，其中，人物訪問是最常運用，也是最重要的新聞來源，所以「狹義的新聞來源」單指「人物」而言。

在新聞採訪的過程中，消息來源人物是由幾種不同的「角色」所組成。以國會新聞為例，假設某國會助理因看不慣 A 立委利用特權，因此把這消息私下透露給媒體記者，希望記者披露此事。記者得知此消息後，先去採訪 A 立委，請他回應，接下來，又去找另一個黨的 B 立委，把這件事告訴 B 立委，請他來批評。所以最後在這則新聞中，有國會助理透露的消息，也有 A 立委回應的消息，更有 B 立委評論的消息。這個例子顯示，所謂的消息來源人物，依其角色又可分為當事人（A 立委）、舉事人（國會助理）與評論人（B 立委）。

在整個新聞製造過程中，消息來源人物是原始守門人（primary gatekeeper），他們最常藉近用媒介的機會，篩選、宣揚與自己有利的資訊。公關人員亦為媒體的消息來源，只要適時透露消息給媒體，不僅有利於組織或個人的新聞曝光，也可以因此結交不少媒體好友。

貳、消息來源的組織

消息來源的確在新聞產製的過程中扮演重要的角色，消息來源越具有組織規模（institutionalized）、財力越豐富、以及公信力越好，對於新聞媒體的影響越大。（Schlesinger,1990）。

根據 Schlesinger（1989 & 1990），消息來源欲發展完善的媒體訊息策略，至少需要三種資源（孫秀蕙，1997：234-235）：

一、組織制度化的程度（degree of institutionalization）

所謂制度化程度，包括兩個面向的含意，一是指該組織內部制度的分工與協調程度完善與否，一是指該組織長期累積的資源與佔據的社會位置。

二、財務基礎

如果以經濟學的觀點來衡量消息來源與媒體的互動，則消息來源提供資訊津貼（information subsidy）的能力因素不容忽視。

（Gandy,1982）「資訊津貼」是消息來源藉著降低記者蒐集資訊所需的時間及成本，譬如供應新聞稿、讀者投書、或相關背景資料，來達到接近媒體的目的，它為消息來源企圖形塑新聞的方式。

三、文化資本（cultural capital）

文化資本意指在社會互動關係中，行動者開拓溝通對話的「智慧場域」的能力。如果將「文化資本」的概念運用在消息來源的溝通策略，則「文化資本」應能為該組織鞏固既有的合法地位、權威感與可信度。

以 Schlesinger 的觀點來說，企業或組織作為一個消息來源，若想有效達到搶佔媒體版面的目的，首先必須設有獨立的新聞發布單位，該單位的人員在新聞發布作業上有良好的分工；其次，新聞發布單位擁有充沛的預算及人力，可以與記者保持良好的關係，並且經常提供記者「資訊津貼」；最後，企業或組織必須在特定領域具有權威性的專業能力（文化資本），可以當作媒體在這個領域的消息來源。例如，當社會上發生毒奶事件，食品衛生專家因為具有這個領域的專業能力，自然就會成為媒體的權威消息來源。

參、消息來源影響媒體的方法

消息來源大部分時間不是靜待新聞媒體前來採訪，而是製造各種「假事件」吸引或爭取記者的採訪，並主動積極的發布公關新聞稿，降低記者採訪的成本，以影響新聞內容的產製。

一、假事件

在公關的運作上，消息來源經常設計策劃「假事件」來吸引媒體的報導。所謂「假事件」（Psuedo-events），乃指一事件並非偶然發生，而是經由設計及策劃而產生，目的是為了引起新聞媒介的注意。（Shoemaker & Reese, 1991）這些新聞事件是經過設計且刻意製造出來的，如果不經過設計，則不會發生。（Boorstin, 1961）例如，一家餐廳慶祝開張週年，原本是極為平常的事，但餐廳老闆如果請來明星表演，並且舉辦有趣的比賽，然後邀請記者來採訪，這便會使週年紀念這件事變的與眾不同，成為新聞報導的內容。另外，知名藝人寫了新書，為了要替新書做宣傳，所以辦了一場「簽書會」，同時邀請媒體記者來採訪，這場「簽書會」當然也是精心設計的假事件。

這些假事件常是深諳媒體特性和記者心理的人所創造出來的。創造出來的新聞，大致有以下幾點特徵：（曾萬，1993：108）

第一、它不是自發性的，是有計畫的、煽動的、預先佈置好的。

第二、它的發起人，不必然是個人或團體，有時是個人發起，有時候是社團策劃，其中不少是由專業的公關人員所策動的。

第三、既是創造的新聞，發起人只問有無新聞價值，不問有沒有真實性。

第四、它可能有趣、聳人聽聞、而不完全符合事實，但是它卻具有的新聞價值。

第五、在強力公關的巧妙設計之下，這種新聞經常弄假成真，變成話題，達到了宣傳的目的。

創造新聞的要領則包括下列六點：（曾萬，1993：109-116）

第一、要以新聞價值來包裝：媒體需要的是新聞，越具有新聞價值的新聞，越能吸引媒體的注意。

第二、要提供適合媒體報導的條件：沒有畫面的座談，電視媒體不會感興趣；主題分散、乏味的活動，平面媒體不太可能加以報導。

第三、要能掌握時代的脈動：大眾傳播是一面鏡子，它的內容反應社會的文化及價值，因此，要掌握新聞報導，就要瞭解社會的變遷，掌握時代的脈動。搭新聞話題的便車是創造新聞很好的方法。

第四、要有創見和遠見：要吸引媒體的注意，一定要與眾不同。標新立異、駭人聽聞的事情，就是新聞。

第五、設法在新聞淡季中脫穎而出：新聞淡季通常發生在缺乏爭議性、影響性事件的時候，所以這個時候「假事件」比較容易被報導。

第六、運用公關專才主動出擊：和新聞界打交道是一件既繁瑣又專業的工作。媒體的特性、新聞市場的趨勢都需要經過深入的分析才能了解，所以創造新聞的工作，應該交給專業的公關人員來做。

以選舉為例，選戰的過程就充滿了競選總部所製造的「假事件」，候選人在選戰中為了吸引媒體的報導，競選總部會不斷的設計各種活動吸引媒體的注意，譬如舉行例行記者會、舉辦造勢晚會、設計競選總部成立大會、到對方競選總部踢館、到地檢署按鈴控告對手陣營不實抹黑、穿著特殊裝扮拜票等等。以上這些活動均是競選總部為了吸引媒體報導而刻意策劃及設計的，並非自然發生，所以均屬「假事件」之運用。

二、直接發布新聞稿

新聞發布（publicity）就是「以新聞稿件試圖吸引傳播媒體刊出或播出的過程」，有時也以非新聞形式，如傳單、海報、展覽宣傳等。新聞發布是公共關係活動當中極為重要的一環，但並非公關概念的唯一行動。（Goff,1989：5）就一般組織而言，新聞稿可以說是最主要的宣傳形式之一。（孫秀蕙，1997：142）

發布新聞稿屬於「資訊津貼」的一種類型。Gandy（1982）指出，由消息來源所提供的新聞資料屬於一種經濟行為，是消息來源以「最少成本付出原則」（rule of least effort），提供給新聞工作者立即可使用的資訊。發布新聞稿可以直接降低記者的採訪成本，同時也提高採訪的便利性，並幫助媒體投資人追求利潤極大化。

常見的消息來源「資訊津貼」的種類，包括新聞稿（news release）、會議通知（meeting announcements）、雜誌（magazines）、時事通訊（newsletter）、說明書（brochures）、新聞資料袋（press kit）、邀請函（invitations）、錄影帶（videotape）等等。

就發布新聞稿的效果而言，Cutlip（1954）發現，新聞報導中有三分之一取自公關稿件。Turow（1989）引述之資料顯示，《華爾街日報》在單日新聞中有 53 篇來自公關稿，其中有 32 篇一字未改。Sigal（1973）調查取自《紐約時報》與《華盛頓郵報》頭版的 1,200 則新聞，發現 58.2% 來自政府機關的資料發佈（包括官方文件、公關稿、記者會、或其它主動查獲的事件），只有 25.8% 係由記者主動調查訪問取得。Cameron（1997）則發現，公關對新聞媒體的影響力約在 25-50% 之間，有時會高至 80%。（陳憶寧，2003：46）

採取「雙向溝通」方式與新聞媒體溝通，可能大於傳統宣傳模式的做法。Van Turk（1986：25）研究美國路易士安那州政府部門發送新聞稿件的成效時發現，新聞發布內容越無說服意圖，見報率反而越高。另外，記者主動要求的資訊，上報率較消息來源主動提供者為高，顯示公關人員採用回應式的資訊津貼可能較容易獲得記者信服。

以選舉為例，在選舉過程當中，競選總部會大量運用發布新聞稿的方式來搶佔媒體版面，譬如面對敵方所發出的不利消息，若不想召開記者會回應，就可以立刻用發布新聞稿的方式予以駁斥；同時，在記者會或造勢活動舉辦過後，競選總部也會用最短時間發出活動新聞稿，以免有記者未到場而不予報導活動內容；更有甚者，現在許多候選人甚至設有所謂貼身發稿人員，隨時將候選人競選行程中的言行撰寫成新聞稿，即時發送給記者參考。如此一來，記者不需到場採訪，也可以掌握最完整的訊息，使候選人可以把握任何可能上媒體的機會，充分達到「資訊津貼」效果。

新聞稿的發送管道包括電子郵件、傳真及候選人官方網站等，尤其是利用電子郵件或官方網站等方式發稿，記者可以直接取得電子檔，只需稍作刪改就可使用，大幅增加記者發稿的便利性；而若欲發布的新聞稿文字不多，也可選擇用手機簡訊的方式直接傳給採訪記者，既省事又具有時效性。

肆、消息來源與記者的互動關係

一、消息來源與記者的互動模式

組織發言人或公關人員是媒體記者的消息來源，而消息來源與記者的互動模式，依國內外學者所做的不同研究，大致可分為下列四種類型：（孫秀蕙，1997）

（一）對立關係

記者與消息來源互動時以各自的利益為重，故當記者與消息來源因對方的舉動無法達成各自的目的時，便演變成對立關係。（喻靖媛，1994）台灣也常發生公眾人物與媒體的衝突事件，例如曾有某黨主席認為某大報對該黨的報導不甚公平，便下令封殺該報記者，不讓此媒體進入該黨採訪。

不過，這種對立關係通常不回持續太久，因為公眾人物還是需要透過媒體傳播訊息，媒體也需要有各式的訊息以產生新聞。Sanders & Kaid（1978）就指出，這種對立抗衡的模式實際運用的層面過窄，因為此模式忽略記者每天需要與消息來源維持一定關係的事實，及新聞是透過記者與消息來源互動的結果。

（二）共生（利益合作）關係

共生關係乃指記者與消息來源（公關人員）之間為了彼此的利益而合作，互賴、互依且相依為命，兩者是魚幫水及水幫魚的關係。例如國會議員（消息來源）藉由舉辦公聽會的方式，不但提高自己的聲望，也讓記者有新聞可寫；另一方面，記者幫助議員撰寫質詢稿，不但幫助國會議員增加問政機會，也讓自己有第一手新聞報導內容。在選戰中，記者也會協助候選人規劃選戰議題，自己再用獨家報導方式搶在同業之前披露此議題，達到雙贏效果。

（三）同化關係

同化關係指記者或消息來源雙方的參考網路已經被結合在一起，或是說一方已被另一方「征服」，兩者之間不復存在獨立性，而且對彼此工作角色的認知是極為相似的。（Gieber & Johnson 1961）。以選舉過程中媒體經常被批評為候選人的傳聲筒來看，此種關係模式經常發生在選戰當中。

（四）交換關係

交換關係強調記者與消息來源間成本與報酬的交換概念。與共生關係不同的是，交換關係所指的是兩者較短期的互惠關係。McManus（1995）討論消息來源與新聞媒體的互動關係，立基於兩造之間的「交換模式」。McManus 認為消息來源與媒體合作的目的，乃在於藉此接近潛在大眾。消息來源透過對自己有利的報導、或長時間累積之大量報導，或在有聲望的媒體出現之有公信力報導，或甚至是為數較少之負面報導，得以建立與公眾或消費者接近的機會。

二、影響消息來源與記者關係的因素

（一）時間

Hulteng（1976）認為，記者被指派採訪同一路線或同一消息來源越久，顯然越容易挖到隱藏的獨家新聞，隨著交往時間的增長，記者與消息來源之間的認同度也會相對增加。

讓記者深入路線建立關係，是媒體組織設置路線的主要目標之一，但長久以後常使記者與路線難捨難分：一方面記者成為路線中的圈內人，發掘許多外人難以得知的訊息，但另一方面記者又涉入太深，以致處處以圈內人自居，反而不願（或無法）再深入探尋問題，以免得罪消息來源。（臧國仁，1999）

以公關人員與媒體記者的關係來說，企業公關較容易與媒體建立良好關係，而公關公司的公關人員較難與記者建立深入關係，原因就是因為企業公關面對的是固定的一群記者，可以透過經常的接觸培養感情；至於公關公司內的公關人員，每次服務的客戶所屬產業都不盡相同，每次聯繫的記者路線也不一定一樣，因此相較於企業公關，較難經由時間的累積與記者熟識。

以競選公關與記者的互動來說，在不同層級的選舉中，由於競選時間的長短不一，亦會造成競選總部與記者間不同的互動模式。在總統或是縣市長選舉過程中，記者因為長期與候選人或競選總部的人相處，甚至必須全天候跟隨候選人貼身採訪，因此對候選人產生情感是難免的，有時候還會替候選人獻策；至於立委或議員層級的選舉，因為競選期間過短，競選公關較無法與媒體建立起長期信賴的共生關係。不過，對於那些競選連任的候選人，如果在過去任期內有和記者保持良好的互動，在選舉中仍會或多或少獲得記者的幫助。

（二）記者個人的專業理念及背景

記者個人的專業理念，也會影響他與消息來源的互動關係。新聞專業理念指的是記者對於新聞報導所持的態度，Wilhoit（1986）的三分法較為精細，他將記者分為「資訊傳佈者」（information dissemination role）、「解釋者」（interpretative role）、「對立者」（adversary role）：（轉引自田志剛，2001，13-16）

1、資訊傳佈者（information dissemination role）

這一類型的記者強調客觀，尤其努力在新聞報導中力求客觀，其目的是將資訊傳達給閱聽眾，讓閱聽眾自己做判斷。他們有共同的價值感、速度、堅持事實蒐集與求證，而且重視傳統的倒金字塔新聞寫作方式。

2、解釋者（interpretative role）

解釋者角色的理念認為，許多新聞事件的性質相當複雜，如果沒有明顯陳述新聞的意義，閱聽眾將無法體會出其重要性，所以記者應該對事實加以分析，或是陳述個人的意見。解釋者認為，媒介的主要任務就是守望環境和連繫環境的各部門，記者的角色不只是呈現事實而已，還要揭發全部的事實，盡全力尋求相關的新聞，做深入的報導，「關聯性」是其追求的主要新聞價值。

3、對立者（adversary role）

「對立者」要比「解釋者」更積極參與決策的過程，「對立者」的角色是基於媒體為政府第四部門的傳統觀念，而解釋者則強調，記者可以陳述自己的意見，但並非將自己的意見強加給讀者（Weaver & Wilhoit,1986）。

對立者會比資訊傳佈者更容易與消息來源產生緊張的關係，因為對立者基於監督政府的立場，必定為盡力挖掘政府部門不願意曝光的消息，因而與政府部門產生緊張的關係。同樣的，對立者因為其主觀涉入新聞事件較深，也較容易受較友好的消息來源影響，而產生同化或共生的關係。

例如，當台灣的廠商和外商公司產生紛爭時，若記者主觀介入此事件，有可能基於民族主義，而過度採信本土廠商的說法，而不向外商公司查證或給外商公司澄清的機會。此類記者某種程度即遭本土廠商「同化」，而與外商公司「對立」。

在選舉的過程中，若新聞記者本身意識型態偏向其主跑的競選總部，而他又不能堅守資訊傳佈者中立客觀的理念，則有可能報導出立場偏向競選總部的新聞，遭競選總部「同化」；反之，若新聞記者的意識型態與主跑的競選總部不同，則有可能處處與競選總部「對立」。

（三）宣傳的需求程度不同

宣傳的需求程度不同，新聞記者與消息來源的互動模式也就會有所差異。例如以立法委員來說，因為立委本身有連任的需要，所以會爭取媒體曝光的機會。過去立法院還有 225 位立委時，曾有一天早上，立法院由不同的立委合計召開三十場記者會，可見立委的宣傳需求有多大。既然大多數立委都想在媒體前有所表現，那自然會比較討好媒體，與媒體保持良好的互動。

至於其他較無宣傳需求的人員，例如行政機關的公務員，雖然他們也有很多訊息可以提供給媒體當作新聞素材，但由於本身並無曝光需求，所以不見得會特別配合媒體的需求，較容易跟記者形成緊張關係。

（四）利益的供給及需求

記者的工作是報導新聞，會盡全力挖掘出大家不知道的消息，他們的利益就在於獲得好的新聞素材；而消息來源的利益是透過媒體傳播有利組織的訊息，因此，不見得所有的消息都願意提供給媒體。

如果雙方利益的需求及供給獲得互補及平衡，亦即消息來源可以獲得宣傳機會、媒體也有新聞可以寫，那麼雙方就可以維持良好的互動；但如果一方有能力供給，卻不願意提供這項供給，以致另一方的需求無法獲得滿足，消息來源與新聞記者之間的衝突就會產生。（王旭，1998）

（五）消息來源或媒體自身的份量

消息來源或媒體本身的份量，也會影響到彼此的互動關係。若消息來源本身是份量、名氣較重的組織或個人，由於具備較多的新聞性，因此媒體會比較願意與之互動，也會釋放出較多的善意。例如，同樣是召開記者會，知名大企業就比小企業容易引起媒體的注意，也可獲得較多的媒體報導。

同樣的，大媒體的記者也比小媒體的記者，獲得較多消息來源的尊重，因為大媒體的收視率較高或發行量較大，消息來源會更加重視與他們的溝通，以利自己的訊息被廣大閱聽人所得知。

大眾傳播應用篇

——行銷公關實務操作

第六章　公共關係介紹

壹、淺談公關

筆者在幾年前收到一封過去上過我公關課的學生給我的一張卡片，裡面有一段提到這個學生與同學們看到筆者的第一眼，就覺得筆者是一個認真的公關人員。讀到這裡我想一定是我的第一印象給人有專業的感覺，因此暗自竊喜。沒想到，這位學生在後面補充，他們認為我認真，完全是因為我有一雙很深的「黑眼圈」……。其實，我的黑眼圈是天生的，絕非每天晚上交際應酬所致，但從這張卡片看來，就知道大多數人都把「公關」當作「交際應酬」、「喬事情」的代名詞。尤其是特種行業「男公關」及「女公關」等稱呼的推波助瀾，更加深一般大眾對公關以偏概全的刻板印象。

到底什麼是「公關」？不同的人對這個名詞的認知一定不同。即使去問公關業的從業人員，他們也一定會講出各式各樣的答案出來。外國學者哈羅（Rex F. Horlow）曾經閱覽各類公關書籍，發現公共關係的定義多達 472 種，這些還是比較正規的公關解釋。若是把大家耳熟能詳的「男公關」、「女公關」或「公關警察」等「公關」納入，那解釋又更多了。

大家對公關普遍的認知為「進行媒體宣傳」及「辦活動」，這兩項工作雖然是公關很大部分的工作內容，但並不是公關的全部。其實，簡單來講，公關是一種管理功能，它也是一種行業、一種職務的稱呼，企業裡有所謂「企業公關」，協助企業處理對外溝通事務；市場上也有專門的「公關公司」，跟企業收取顧問與執行費用，幫企業完成公關目標。

公關其實具有非常實務的功能，社會上充滿公關操作的痕跡。公關業是走在流行尖端的行業，公關業一直是時尚、創意及充滿變化的代名詞，不過，雖然許多人都對公關業有興趣，但卻不一定了解公關的內涵。

公關利用媒體塑造形象

導演杜琪峰於 2004 年所拍的電影「大事件」（Breaking News），敘述在一場警匪槍戰中，一名警察因害怕搶匪對他開槍，對搶匪下跪高舉雙手求饒。而這一幕被香港媒體全程拍攝下來，造成警察形象大傷，被議員質疑是否有保護市民的能力。警局高層立刻召開危機處理會議，一名女督察表示「Image（形象）很重要」，她主張既然警察的形象是栽在媒體的手上，就該利用媒體，再造警察的英勇形象。

女警官的做法，是在媒體前面「Do a good show（做一場好秀）」。她將微型攝影機裝在攻堅的飛虎隊員頭上，把警察出發及圍剿匪徒的過程拍下，再透過電腦的剪接修飾及配樂，將成品傳送給媒體播出。她還每個小時發新聞稿給媒體，隨時發布最新的辦案進度。即便是警方被匪徒擊退而受傷，女警官也能在新聞發布會中面對媒體侃侃而談，說現場狀況完全在警方的掌控之中。在謊言被匪徒拆穿後，女警官要求警察公共關係科的人員找比較友好的記者幫忙消毒，還找電影明星出來為警察背書，試圖轉移媒體對警方說謊的注意力。

女警官這一連串利用媒體扭轉警界形象的動作，正是公關的操作。其公關目標就是為了提升組織的形象，而發新聞稿、召開新聞發布會及找媒體記者幫忙等作法，都是常見的媒體公關工具。電影裡警察公共關係科的人員，就是一般我們所稱的組織內部公關人員，而公共關係科就是警察局的公關單位。

從女警官刻意用電腦修飾影片及向媒體隱藏警察受傷事實等動作，可以看出公關有時會面臨道德抉擇，亦即是要為了粉飾太平而避重就輕或說謊，還是無論如何都要對公關對象誠實。在這個案中，女警官希望無時無刻傳遞「警察很英勇」的訊息，所以沒對媒體完全誠實，雖然有可能可以更快扭轉警察形象，但也要面對被拆穿的風險，以及道德上的瑕疵。

貳、公共關係的定義

剛剛只淺談了公關的一個面向，那麼公關的定義到底是什麼？公共關係是二十世紀才出現的一門學科，最早發軔於美國，由 Edward Bernays 在紐約大學教授公共關係，才將公關概念系統化及理論化。公共關係是一門相當新的學問，學者迄今對公共關係沒有出現統一的定義，此乃由於公共關係是由實務所累積成的一門學問，顯示公共關係業在不同時點、不同組織、及不同公關人員的運作下，展現出多元的風貌，每個公關人員對公共關係都有自己的詮釋。

公共關係的英文是 Public Relations，有學者認為，Public Relations 被翻譯成「公共關係」，會讓人對它的內涵產生困惑，因為「公共關係」很難從字面上直接理解。

Public 也有公眾的意思，Public Relations 若是翻譯成「公眾關係」，則比較貼近它的意義。因為公眾關係，從字面上來看，就可以理解成一門「經營不同公眾的關係」的學問（請注意，relation 還有加 s，代表不只一個公眾）。

國內研究公共關係的學者孫秀蕙（1997：4）將公共關係定義為「協助個人或（營利或非營利）組織，透過多樣且公開的溝通管道與溝通策略，與不同的公眾建立良好的關係。」其中「公眾」包含任何公關工作所設定的目標對象，而且角色之間會互相重疊，例如員工、媒體記者、一般消費者、會員、投資人、社區民眾、及政府機關等。

另一學者臧國仁則在一本由公關實務界所編的公關手冊（1988：29）中，將公共關係定義為「公共關係就是溝通——是對不同組織團體溝通，以增進互相了解，從而減少摩擦，爭取最大『互利』。溝通包括對內溝通（如對員工、工會、股東、經銷商等），對外溝通（如對一般大眾、特殊群眾、社區民眾、政府機關等），對上溝通（如對董事會、股東大會），對下溝通（如對員工）等等。溝通的工作也包括與新聞界建立良好的關係，藉由新聞事件的報導以建立良好組織形象」。

由上述公共關係的定義來看，公共關係共有下列三個要素：

（一）傳播者

公共關係中的傳播者，指的是公共關係的發動者，亦即哪些組織或個人要運用公關策略來和其他公眾維持好關係。不管是企業、政府機關、學校、非營利組織或是個人，都需要與一般大眾維持好關係，它們都算是公關的傳播者。譬如一家公司透過召開記者會來向消費者宣傳公司的產品，這家公司即為公共關係的傳播者。

（二）受眾

即公共關係傳播者想維持良好關係的對象，譬如員工、媒體記者、一般消費者、會員、投資人、社區民眾、及政府機關等。

（三）溝通管道與溝通策略

指傳播者和其他公眾維持好關係所使用的方法及策略，上述例子中的「召開記者會」即為這家公司與消費者溝通所運用的管道與方法。

溝通管道與溝通策略，會因為公關傳播者屬性與所擁有資源的不同，而有不一樣的選擇。例如，假設一家醫院要經營社區關係，它採取的溝通管道及策略可以是為社區民眾辦一場園遊會，藉由舞台活動及攤位，讓民眾更了解這個醫院；若是一所大學要經營社區關係，則可以藉由鼓勵學生進行社區服務，或是開放學校的某些資源讓社區民眾使用。

同樣的，溝通管道與溝通策略，也會因為公關受眾性質的不同，而有不一樣的選擇。例如，同樣一個產品，若是要針對年輕族群來做溝通，考量到年輕族群一般比較常接觸網路媒體，因此網路媒體成了最好的溝通管道；而這公司若是想拉近與經銷商之間的關係，辦個經銷商茶會就是個適當的溝通策略；若這公司想與產業意見領袖來進行溝通，希望意見領袖幫忙替產品背書，則辦一個餐敘與意見領袖作深度溝通，效果會來的最大。所以同一個組織面對不同的受眾，會規劃出不同的溝通策略。在規劃任何公關執行方案時，都要先針對公關主體與受眾進行分析，才能找到最適合的溝通訊息、策略與管道。

參、公共關係的活動

公共關係的定義之所以有數百種，是因為公共關係活動的樣貌非常多元，熟悉公共關係的活動，將對公共關係的內涵有更進一步的了解。美國公共關係協會（the public Relation Society of America）提出十四種和公共關係運作相關的活動：

> 1.新聞發布（publicity）；2.溝通（communication）；3.公眾事務（public affairs）；4.議題管理（issues management）；5.政府關係（government relations）；6.財務的公共關係（financial public relations）；7.社區關係（community relations）；8.產業關係（industry relations）；9.弱勢族群關係（minority relations）；10.廣告（advertising）；11.新聞代理（press

agency）；12.促銷（promotion）；13.媒體關係（media relations）；14.宣傳（propaganda）。（彭懷恩，2003：163）

在上數眾多公共關係的活動當中，新聞發布為傳播者與受眾溝通最重要的方法之一。Wilcox,Ault& Agree（1989）認為，公共關係從業人員使用的業務工具，發布新聞是最常用的，這主要是一種寫作工作，就是把新聞發送給新聞媒體，供他們刊出或廣播。接到這些新聞稿的文字與廣播媒體的記者，通常是根據這些新聞稿的內容是否能引起讀者的興趣，和是否配合當時的新聞時效，來決定是否加以採用，有時會看新聞的形式是否符合媒體的風格。

「新聞發布」與「媒體關係」為相同性質的公關活動，組織或個人新聞發布的對象是媒體，與媒體維持良好的關係則有助於新聞發布的進行，因此媒體關係亦是公共關係重要的活動。Wragg（1992）認為，媒體關係是公共關係最重要的層面之一，媒體是訊息的第一個觀眾，訊息被一般大眾接收，全靠媒體的管道。此外，媒體關係的價值在於公共關係所產生的媒體報導成本相當低，也較廣告或其他促銷活動更能受到公眾的注意。

肆、理想的公關運作模式

公共關係學者 James Grunig 為了建構出一個理想（且有效）的公關運作模式，特以功能性的角度為出發點，將目前公共關係實務運作分為四種模式：

一、新聞代理（Press Agentry / Publicity）模式

主要在利用造勢活動吸引媒體報導，讓閱聽人或消費者片面知曉某產品或訊息，並沒有回饋管道（彭懷恩，2003：264）。此種模式以單向溝通為主，以宣傳為目的，所傳遞的訊息通常誇大聳動，或是半真半假（新聞代理模式常衍生公關道德問題）（孫秀蕙，1997：68）。

二、公共資訊（Public Information）模式

仍以單向傳播為主，透過對外資訊的傳布，告知大眾訊息。與前一模式不同的是，資訊本身是客觀而非虛擬或誇大（彭懷恩，2003：264）。這種模式極為常見，約佔總公關工作的 50%（孫秀蕙，1997：69）。

三、雙向不對等模式

此種模式以雙向溝通為主，以說服為主要目的。擬定說服策略之前，資訊傳遞者（公關人員）會先蒐集資訊接收者（公眾）的意見或態度，但用意在提高宣傳的效果，而非順應民意（彭懷恩，2003：264）。

四、雙向對等模式

此主模式以雙向溝通為主，目的在達成組織與公眾的互相了解，以達成共識，而溝通的結果是互蒙其利。

Grunig 認為，一個好的公關模式，除了「實際表現」要突出之外，也要滿足「道德」的要求，他認為新聞代理模式及公共資訊模式過於強調新聞報導，只是單向的訊息傳輸，充其量只是一種技藝（craft）（彭懷恩，2003：365），然而公共關係的運作，應該是尊重對方的權益，不以功利動機為出發點，目標在增進彼此的了解，才能維持公關效果的長期穩定性。此外，以道德性的觀點來看，雙向對等溝通不蓄意操控閱聽人，最符合公關的道德性（孫秀蕙，1997：74-75）。

不過，Dozier 發現，公關實務界以「公共資訊」模式為主要的工作重心，例如資訊的準備與散布、準備記者會或採訪事宜等（孫秀蕙，1997：78）。

從 Grunig 的四個公關模式可以看出，在新聞代理模式及公共資訊模式中，都很強調透過媒體來發布新聞，可見使公司的訊息獲得媒體的露出，是非常重要的公關活動。這個工作非常簡單，就是創造有新聞價值的事件，將委託人的名字躍然報紙上。雖然 Grunig 認為新聞發布偏重單向傳播且不重公關道德，不為有效的公關模式，不過以目前主要的公關活動來看，新聞發布為目前公關實務界主要的工作重心。

例如以政治競選活動來說，以建立知名度和吸引廣大民眾為目的的新聞代理已相當普遍（Cutlip,1991：23-25），候選人為了在短期內吸引選民的注意，傳達有利於己的訊息，以達到勝選的目標，實不需顧及所發布的訊息是否誇大不實或不符合公關道德。資深記者梁任瑋（2001：36）就認為，選戰新聞的傳統盲點是媒體缺乏主動挖掘新聞的能力，通常完全照當事人的說法撰寫新聞稿，並不經進一步的查證；胡幼偉也指出，競選期間候選人多半會發動各種公關活動，吸引媒體注意及報導，記者明知這類活動只是所謂「假事件」，但在傳統新聞價值的制約下，仍會為候選人做免費宣傳（梁任瑋，2001：37）。因此，以選舉新聞的特性來看，雖然 Grunig 認為新聞發布不為有效的公關模式，但為了勝選，選舉新聞發布仍是相當有效。

伍、公關人員的工作內容與專業能力

前面有提到，公關可以是一種職業的稱呼，那麼一個職場上的公關人員具體的工作內容到底有哪些？根據求職網站上大部分企業徵求公關人員的職務說明，公關人員的工作內容包括媒體洽談、媒體採購、新聞稿撰寫、媒體關係維護、公關活動規劃、企業內部溝通、媒體監測、議題管理及危機處理等。

至於公關人員需要具備怎樣的專業能力？「動腦雜誌」曾整理公關公司應徵人員的考試項目，包括：

（一）筆試：

(1)性向測驗

(2)媒體現況：分析目前各家媒體的特色

(3)中英文新聞稿寫作：提供簡單產品簡介，就內容寫出一篇新聞稿

(4)英文翻譯：提供一篇中文新聞稿，翻譯成英文

(5)撰寫企畫案：提供客戶和大約的預算，設計出一個公關企畫內容

(6)分析印象深刻的公關案例

(7)撰寫邀請函或是給客戶的回函

（二）面試：

(1)你為什麼想做公關？認為自己具備什麼樣的人格特質或條件？

(2)你認為公關應該是什麼樣的工作？

(3)對公關產業的了解有多少？台灣目前有哪些公關公司？

(4)為什麼選擇這家公關公司？

第七章　行銷公關

壹、公關與行銷的關係

在講到公關的時候，很多人都會覺得它是行銷工具之一。公關跟行銷的關係到底為何，一直是公關學者與業界人士爭論的焦點。整合行銷學派認為公關就是要輔佐產品行銷，公關脫離行銷就不具任何價值；但也有學者認為公關還有其他功能，例如危機處理、政府關係（政策性溝通）、員工溝通及議題管理等行銷以外的功能，不宜將公關單純視為行銷工具。

以公關手法支援產品行銷，稱為行銷公關（Marketing Communication），亦即規劃各式各樣的公關活動，運用公關策略達成產品販賣與促銷、形象建立、產品知名度增加及創造業績等行銷目的，例如舉辦新產品上市發表會或策劃產品宣傳的新聞報導，均屬行銷公關範圍。行銷公關是公關人員的主要工作內容，約佔公關公司60-70%的業務。

美國行銷大師科特勒和麥達克指出，行銷與公關都是企業與外界往來的大門，但是行銷是以市場為導向，而公關卻是以大眾為導向。因此，若以行銷為目的，那公關即成了行銷工具；相反的，若以公關為目的，行銷則成了公關的工具。

例如，某公司為了宣傳某項新產品（行銷），召開了一個新品發表記者會（公關），公關即成了行銷工具；若某公司為了要讓大眾認為它是一家優質的公司，積極經營不同群體與它之間的關係（公關），其中也包括向消費者提供品質優良且價格合理的產品（行銷），在這例子中，行銷就是公關的工具。

在實務上，科特勒和麥達克認為公關與行銷在企業組織裡有五種互動模式：

（一）公關與行銷各自獨立且地位相當

企業把公關與行銷視為功能及性質各異的單位。行銷職責在於了解及滿足客戶的需要，目的是為公司創造利潤；公關的任務則是與各群體保持良好的關係，避免任何團體傷害到公司的利益。

（二）兩者平等但業務有重疊之處

公關與行銷在企業中為地位平等且功能不同的部門，可是業務有部份重疊，例如牽涉到媒體宣傳的業務，公司可以決定交給行銷或公關任一部門執行。

（三）行銷為主、公關為輔

公關歸行銷部門所管，公關的目的是為了行銷，而不是替公司在各群體間維持良好形象。

（四）公關為主、行銷為輔

這個模式認為企業必須滿足各個公眾（包括股東、社區民眾、消費者、政府、媒體……等）的需求才有利於發展，而行銷工作只針對市場的利益做考量，很可能與其他關鍵公眾產生衝突，所以要由公關來主導行銷，才能讓各群體對公司有良好的觀感。

（五）行銷與公關具有相同的功能

公關與行銷內涵和方法相同，都有溝通對象（公關對象是大眾、行銷對象為市場）、都會根據溝通對象的反應來擬定溝通策略與工作計畫；工作階段也類似，都是按照研究分析、計畫、溝通執行及評估等步驟來進行。

茲以 2008 年荷商台灣飛利浦公司為例，台灣飛利浦是個以產品事業部門為主體的公司，擁有照明事業部（Lighting）、醫療保健事業部（Healthcare）、優質生活事業部（Consumer Lifestyle）及知識產權及標準部（IP&S）等事業部，每個部門都有一位總經理，也有負責行銷的行銷經理；在行政部門方面，台灣飛利浦有一位公司總裁（2009 年職稱改為總經理，由當時照明事業部總經理兼任），下面有品牌管理暨企業公關部，負責品牌及公司形象。

在飛利浦公司內，公關與行銷各自獨立，互不隸屬，但相互支援。當事業部門的行銷經理要行銷產品時，會尋求企業公關的協助，召開記者會或與媒體聯繫，以達到產品曝光的目的；各事業部也會和企業公關聯手建立公司整體形象，實現企業公民的責任，例如在醫療保健事業部協助下，飛利浦 2008 年與心臟學會共同提倡世界心臟日活動，呼籲大眾重視心血管疾病；在照明部門配合下，2008 年推行綠光小學計畫，以 T5 省電燈管在全台打造 10 所綠光示範教室，落實節能教育。

此外，企業公關負責建立與維持飛利浦 Sense & Simplicity（感覺和簡單）的整體企業品牌形象，若有事業部因為業績而做出傷害品牌形象的行為，企業公關必須想辦法溝通，盡量讓事業部門能兼顧業績與公司形象。

既然公關與行銷之間的關係如此密切，所以在這裡有必要簡單介紹一下行銷的基本概念。

貳、淺談行銷

大家經常聽到的所謂「新行銷手法」、「產品行銷」、「政策行銷」或「個人行銷」等跟行銷有關的字眼，通常指的都是包裝及宣傳的意思，例如我們要懂得「個人行銷」，指的就是我們要知道如何包裝自己，推銷自己的優點。因此，一般人想到行銷，就會認為行銷就是宣傳及推銷的意思。其實，這樣的認知只對了一部分，因為雖然行銷的過程有包括宣傳及推銷，但不完全只有這一塊而已。

行銷的英文是 marketing，字面上可以拆成 market 和 ing 兩部分。Market 是市場的意思，而 ing 則有行動的意思，所以簡單講，行銷就是指找到市場、或是開拓市場的方法、策略與行動，終極目標就是將產品及服務賣到市場上以換取金錢。所以，行銷的內容除了宣傳及推銷外，還包括進入市場前，產品及服務的選擇，還有把產品及服務拿到市場去賣等過程。

一、構成行銷的四大基本要素——行銷 4P

講到行銷，大家一定都會提到行銷 4P，亦即構成行銷的四大要素，分別是商品（Product）、價錢（Price）、通路（Place）及推廣（Promotion）。

（一）商品（Product）：

商品包括有形的產品（如飲料）及無形的服務（如美容）。行銷的終極目標是將產品及服務賣到市場上以換取金錢，所以，產品及服務自然是行銷最重要的要素。

（二）價錢（Price）：

每個商品都一定會有一個價錢，商品的定價是一門學問，因應不同的行銷目標，業者可以決定自己商品價錢是否要高於或低於市場上相同商品的價錢。例如，業者可以用低價來衝高銷售量，提高市場佔有率；也可以走高價路線，只做有錢人的生意。

首先，商品的定價必須反應商品的成本與價值，對業者來說，成本是定價的下限，除非有其他促銷目的，否則定價不會比成本低，不然就虧本了。成本也是消費者考量商品價格是否合理的參考。一杯瓶裝咖啡再貴也不可能高過幾百塊，除非是在高級餐廳喝的咖啡，才可能收費較高，但這價錢不僅是包括咖啡本身的成本，還包括飯店所提供的「氣氛」，所以價值較高；至於一台汽車，再便宜也不會便宜到哪裡去，因為汽車本身的造價本來就高。所以說定價必須反應商品的成本與價值，不宜高或低於成本太多。

其次，商品的價格也反應了消費者的心態，有時價錢貴的商品反而可以凸顯消費者的尊榮感，願意買高價品的消費者比比皆是，所以台北街頭才會出現排隊購買五百塊麵包的人潮；此外，消費者普遍認為高價品的品質較好，因此高的價格也可以協助建立商品高品質的形象。當然，物美價廉的商品也是非常受人喜愛的，電視媒體就很喜歡在全台搜尋價格最低的商品或服務，例如電視曾報導只要一百元的剪髮服務，立刻讓業者的業績大增。

業者要販賣什麼樣價格的商品，有時可以參考當時的社會環境。例如在 M 型社會中，民眾收入呈現兩極化的狀況，業者就可考慮販賣極高價或極低價的商品；此外，現在全球各國均呈現老年化社會，熟年人口（45 歲～65 歲）逐漸增加，而熟年人口大多又是收入較高者，業者即可考慮開發單價高、適合熟年人使用的商品。

（三）通路（Place）：

「通路」簡單來講，就是指賣方販售商品的地方，亦即消費者可購得商品的地方。賣方可以自己設通路點，販賣自己的商品，也可以將商品放在通路商進行銷售，再支付租金或上架費給通路商。

大型的通路商包括百貨公司、大賣場、電子產品專賣店等，小型通路商則包括便利商店、成衣零售店或最近開始流行的「格子趣」（把店面裝潢成一格一格，再把格子租給不同廠商收取租金）等。

通路商通常很強勢，沒有通路的話，即使有很好的產品，也沒有辦法賣給消費者。在民視八點檔連續劇「娘家」裡面就曾演過一段劇情：已婚的男主角開了一家生技公司，並從國外代理到一批不錯的藥，為了要在知名的藥妝店（通路）販賣，以及要取得比較好的櫃位，不惜跟老婆吵架，也要不斷討好藥妝店的女性經理。從這段劇情可以看出，商品要在強勢通路上販賣，有時也要花費一番功夫。當然，比較知名或受歡迎的商品，是比較容易獲得通路商的青睞。

商品有強勢跟不強勢之分，通路商也是一樣。通路商為了要建立自己強勢的地位，經常必須進行宣傳或規劃促銷活動，讓消費者願意上門光顧。例如國內某家知名電子產品專賣店，就花了大手筆請到剛復出的主持人豬哥亮拍攝宣傳廣告；國內兩家知名電子產品通路商，也經常發生在媒體上演互罵的局面，可見通路商之間競爭有多麼激烈。

通路商對每個廠商的收費方式，會因為商品在店內位置的不同，而有所差異。以百貨公司來講，樓層越低，租金或上架費越高，例如像百貨公司不定期所舉辦的特賣會，都會選擇在高樓層舉辦，就是因為特賣會商品利潤較低，所以可負擔的通路費用也較低；而以便利商店來講，放在結帳櫃檯旁的商品，和在較遠處架上所販賣的商品，也負擔不同的上架費。

同一件商品在不同的通路銷售的價錢不一定相同，例如大賣場裡的商品價錢就會比其他的通路低一些，那是因為消費者到大賣場購買同一件商品的量會比較大，而且逛大賣場的消費者也會比其他通路多，所以大賣場可以用以量制價的方式，以較低的成本進貨，進而用較低的價錢賣給消費者。而有些廠商鋪貨到大賣場的目的也不完全是為了賺錢，有時是看中大賣場中客群較多的特性，商品在大賣場裡販賣，可以收廣告之效，讓廣大消費者知道廠商有新的商品上市。

（四）推廣（Promotion）

當商品的通路已經鋪設完成後，廠商要做的就是要讓更多人知道並喜愛這個商品，進而去購買這項商品，這就牽涉到推廣的動作。

我們之前所講的公關，即可被運用在行銷推廣上，例如舉辦新品上市記者會及消費者活動。所以有人說「行銷為主、公關為輔」，指的就是公關為行銷推廣的工具之一，公關目的是為了行銷。

常見的行銷方法除了公關外，還包括廣告、直銷、人際傳播（如網路部落客）及促銷等工具。同時運用廣告、公關及促銷等行銷工具推廣同一產品，稱為整合行銷。目前整合行銷的運用已非常普遍，一個案子的推出，大多會同時用到廣告及公關的宣傳，單憑廣告公司或公關公司自己的力量，很難獨立完成一個大的行銷案。因此，一些廣告公司開始成立公關部門，而公關公司也大多有配合的媒體購買廠商。

目前在行銷預算的分配上，還是以廣告扮演舉足輕重的角色。很多大型知名企業推出一個新產品時，習慣把龐大行銷預算交給廣告代理商，由廣告代理商訂出產品的基本宣傳策略，拍出宣傳廣告；若認為有需要，則會搭配公關操作，發包給公關公司規劃執行。所以，做為現代的行銷人員，除了要懂廣告的運作邏輯，更要了解公關如何操作。跟廣告比起來，公關人員的進入門檻較低，如果想成為行銷人，不妨可考慮從學習公關開始著手。

促銷，就是用低價或其他吸引消費者（例如推出限量商品）的方式，提供誘因刺激消費者購買商品，以增加短期的銷售量。在促銷活動期間，消費者通常會購買原本可能不會購買的商品，例如有便利商店舉辦買兩瓶飲料可以打折的活動，原本消費者只想買一瓶飲料，但是想說買兩瓶就可以抽折數，說不定可以抽到兩瓶 49 折，那就比買一瓶還便宜，因此就多買了一瓶。其他如速食店把折價券放在網頁上讓消費者列印、百貨公司推出滿千送百的方案、或信用卡刷卡可得贈品等活動，都是常見的促銷方式。

二、行銷運作流程

行銷 4P 僅是行銷的基本要素，接下來介紹行銷的運作流程。

第一階段：選擇產品及服務

要開拓市場，第一步當然必須決定要在市場上提供什麼產品及服務。這個決定不能是冒然的動作，而是要經過分析研究及深思熟慮。在行銷實務上，STP 行銷策略分析可以幫助想進入市場者，確定自己的目標市場，選擇一個適當的產品及服務，把產品或服務定位在目標市場中的確定位置上。

STP 行銷策略包含三個步驟，分別是 S：區隔市場（Segmentation）、T：選擇目標市場（Targeting）及 P：進行市場定位（Positioning）。

S：區隔市場

區隔市場是從消費者的角度進行市場的劃分，即根據消費者的需求、動機、購買行為和差異性來劃分的。所以第一步要先透過市場研究，分析消費者的購買動機、態度及行為，把某一產品的市場劃分為若干不同的消費者族群，區分出具有類似的消費需求傾向的族群。接下來，將這些消費群體依其特有之態度、行為（時機、追求利益、使用者地位、產品使用率、忠誠程度、購買準備階段）、人口統計（年齡、性別、職業、收入、教育程度）、心理統計（社會階層、生活方式、個性）、消費習慣等變項，描述出各個區隔市場的輪廓。

以飲料市場為例，可先依顧客是否會購買飲料，區分成常買飲料及不買飲料的人。而在常買飲料的人當中，依據他們的需求，又可將他們區分成喝飲料是為了解渴、養生、減肥、或提神的人。接下來，再依照這些需求，描述出這些不同的消費者族群，分別是屬於何種人口變項。例如，買飲料首重養生的人，都是四十歲以上、高收入、願意花錢且消費忠誠度高的女性；而買飲料是為了解渴的人，大部分為消費力差且對品牌忠誠度低的年輕人。

T：選擇目標市場

選擇目標市場，就是企業在完成市場細分後，企業選擇其中一個或幾個子市場，以相應的產品或服務滿足這些市場族群的需求。首先行銷者必須對這些不同的市場，就其規模大小、成長、獲利及未來發展性等面向加以評估，再考量公司本身的各項條件及發展目標，以選擇出適當的目標市場。以上述的飲料市場為例，某企業可能認為買飲料首重養生的人，收入高且願意花錢，若以這群人為目標，獲利率較高，而公司本身資源豐富，可支援養生成份的研發，因此決定選擇這個目標市場。

P：進行市場定位

在完成目標市場的選擇之後，最後一個階段就是為產品或服務進行市場定位。市場定位就是針對所選擇的目標市場，針對顧客對該類產品某些特徵或屬性的重視程度，創出相對應的產品，強化該產品的獨特性能、構造、成分、包裝、形狀或品質，塑造出與眾不同的競爭優勢。市場定位使得顧客明顯感覺自己的產品與其他產品不同，讓此產品在顧客心目中佔有特殊的位置。以剛剛的飲料為例，該公司在選擇買飲料首重養生的目標市場後，便開發出高價且具養生作用的飲料，並不斷強調飲料養生的成分，讓顧客明確了解產品的養生功能。

在這邊要補充的是，目標市場的選擇以及產品的生產不一定有先後順序，有時候是在有了產品之後，再根據產品的特性尋找目標市場，進行產品定位。

以美國美樂啤酒公司（Miller）的行銷案為例，該公司所生產的啤酒，在本世紀 60 年代末的市場佔有率僅有 8%，排名第八。

後來他們決定改變行銷策略，進行市場調查，結果發現啤酒市場可區分為輕度飲用者和重度飲用者，前者人數較多，但飲用量卻只有後者的八分之一，所以美樂公司決定選擇重度飲用者為目標市場。

重度飲用者多是藍領階層、愛好體育運動且長時間看電視者，美樂公司開始大打廣告，運用廣告重新定位該公司啤酒。電視廣告喊出「你有多少時間，我們就有多少啤酒」的口號，畫面出現許多藍領階層努力工作的激勵人心畫面，藉此拉攏藍領階級消費者的心。果然，美樂公司對啤酒的重新定位相當成功，市佔率大幅提升。

第二階段：創造產品及服務

選擇好了要進入市場的產品及服務，接下來，就要進行產品及服務的開發、制定價格、生產、配銷及物流配送。簡單講，這一階段就是從選定商品後，到讓商品在市場上販賣，中間所需要的一切過程。

在商品的生產部分，企業可以決定是自己設立工廠來生產，或是請別家公司來代工。目前因為中國大陸的人工比較便宜，很多國際電子公司已經不自己生產產品，而是交給中國大陸的工廠來代工，自己則專心經營品牌，等到代工廠將產品製造出來後，再貼上自己的品牌名稱（貼牌），就變成了自己公司品牌的產品。因此，消費者買到這個產品，只知道是這個品牌的產品，並不知道它其實是某家代工廠代工出來的。

以動畫電影「花木蘭」為例，大家都知道這是一部由美國迪士尼公司出品的電影，以為花木蘭裡面的動畫都是由迪士尼公司畫出來的，殊不知，花木蘭裡面的動畫，是由台灣的「宏廣公司」所代工。可惜的是，宏廣公司有良好的技術可以畫出花木蘭，但大部分的觀眾都不知道。

大企業經營品牌，讓自己的品牌變成一項很有價值的公司資產。根據全球品牌顧問公司 Interbrand 所公佈的「2008 年全球品牌」報告，可口可樂（Coca-Cola）的品牌價值以 666.67 億美元連續第八年排名第一，第二名的 IBM 品牌價值為 590.31 億美元，第三名的微軟公司則為 590.74 億美元。這意味著這些公司若哪一天把品牌賣掉，就可為公司賺進數百億美元。另一方面，任何產品只要掛上這些公司的品牌，也會讓消費者覺得特別有價值。

不過，品牌的經營也需要積年累月的努力，而且失敗的機率也很大。消費者一看到某個品牌，就會在潛意識裏喚起一連串想法、形象與認知，進而形成一個整體的印象。對於價值高的品牌來說，當然這整體的印象必須是好的印象，而好的印象是無數廣告、公關、促銷及良好的消費經驗所建立起來的。所以，經營品牌雖然可以有較高的利潤與發展，但也是必須花一番功夫的。

在配銷及物流配送方面，是指企業要決定這商品要在哪些地方賣、以及賣多少數量。決定好了之後，則要決定如何將產品運送到這些地方。如果是外銷，是要用空運或是海運？若是僅在國內販售，要用什麼方式從廠房運到販賣點、或是運到倉庫？是要自己公司的車子派送？或是找貨運公司？這些都需要一連串的評估。

第三階段：傳送價值

當商品（服務）已經完成生產，而且銷售的通路也已決定，如何讓消費者知道這個商品、並且願意花錢購買它，即成了一個重要的課題，這個階段就牽涉到傳播及推廣，亦即如何傳送價值，方法包括一般銷售活動、直銷、促銷推廣、廣告及公關等。（這部分前一節已介紹，在此不做贅述）

公關 VS 廣告

前一陣子有一個電視廣告非常紅。一個穿著旗袍的短髮女孩，趴抱在一個正在喝酒應酬的中年男子背上，用酷似男人的低沉聲音自言自語：「有點肚子的男人最迷人，妹妹不喜歡你沒關係，我會死心塌地的跟著你一輩子，我叫『膽固醇』！」由於廣告女主角的外型非常詼諧，而且講話內容也很有趣，因此在眾多的電視廣告當中，這支廣告顯得特別突出。

這廣告內容的鋪陳，是希望藉由將膽固醇具像化，引發消費者對體內有膽固醇的恐慌，然後帶出產品具有去除膽固醇的效用，以刺激產品的銷售。不過，由於廣告內容太具有創意，觀眾反而忽略廣告到底賣的是什麼產品。筆者曾在上課時對學生做過調查，發現大多數學生都對這個廣告印象深刻，但能精準說出產品及品牌的人卻少之又少，由此可見一般。

那麼，既然消費者無法清楚知道廣告賣的產品為何，是不是就代表這支廣告完全沒有效益？

在行銷策略大師賴茲（Al Ries）所著的「啊哈！公關」（The Fall of Advertising & The Rise of PR，書名若直翻為「廣告的沒落與公關的崛起」）一書中提到，在廣告媒體如此發達的今日，每個消費者一天當中接觸到的廣告訊息數以千計，導致每個廣告宣傳效果大打折扣；再加上現在廣告越拍越有創意，但卻缺乏對產品銷售力的助益。因此，這些廣告必須透過公關的力量，持續和消費者溝通，才能達到產品宣傳的目的。

回到剛剛那個有關「膽固醇」的廣告。在廣告的密集曝光下，有電視新聞開始報導這則廣告女主角的故事，並把她封為「膽固醇女孩」。筆者開始去想，「主角紅成這樣，那它到底賣的是什麼啊？」下次才仔細看，原來是某飲料的廣告！所以，公關可以延續廣告所製造的話題。甚至，如果之後這飲料商開始舉辦一系列如記者會或消費者活動等公關活動，並請來因為廣告及新聞而爆紅的「膽固醇女孩」來站台，那對於產品的宣傳必然大大加分。

所以，一個有創意但產品辨識度低的廣告，如果搭配相關的公關操作，則對產品銷售力有加乘的效果；若產品僅靠廣告宣傳，而消費者看完這廣告又不能對產品有深刻的印象，那自然達不到宣傳的目的。

廣告	公關
①付費性媒體	①非購買性媒體
②內容可控制	②內容不可控制
③自吹自擂	③第三者證言（背書）
④建立知名度與好感度	④建立了解與信任度

表：廣告 V.S.公關

第八章　公關活動介紹

壹、何謂公關活動

公關活動的種類很多，只要是為了特定公關目的所舉辦的活動，都可以被歸納為公關活動，例如頒獎活動、競賽、選拔賽、展覽、節慶活動、媒體餐會、研討會及記者會等。

公關人員在規劃執行公關活動時，要妥善規劃公關活動的軟硬體。所謂的硬體，指的是公關活動舉辦的場地、舞台規劃、背板設計、燈光音響、陳列品、特效品及其他會場佈置所需的輸出物等設施；至於軟體，指的則是活動主題、流程規劃、各項節目表演、出席來賓、主持人及配樂等牽涉到活動內容的部份。若公關活動舉辦時希望有媒體來採訪，則要考慮媒體所需要的新聞畫面與新聞價值。所以簡單來講，公關活動的規劃執行必須掌握好三體，亦即「硬體、軟體、媒體」。

以下依照公關活動的目的及複雜度區分，介紹幾種較常見的公關活動。

貳、公關活動類型

一、企業活動：尾牙、聖誕晚會、新春團拜、春酒

公關活動最簡單的一種類型，就是屬於尾牙及聖誕晚會這類的企業活動。只要負責規劃好軟硬體，不牽涉媒體的企劃案。

企業活動舉辦的目的，是因為企業為了要維繫員工關係，所以在節慶時舉辦尾牙或聯歡晚會。員工通常最期待在活動中抽到大獎，但除了抽獎之外，活動軟硬體也須妥善規劃，使活動充滿創意，才會讓員工有個難忘的一天。

企業活動的舉辦通常是由企業內部的人事部、福利委員會或公關部負責，現在也有越來越多公司是將企業活動委託給公關公司來規劃執行。比較大規模的企業通常都會砸大錢來辦理尾牙活動，例如國內曾有一家上市企業包下體育場來當作尾牙場地，活動內容則委託給國內的電視製作人來規劃，節目由大牌主持人主持，演藝紅星則到場獻唱，規模不輸一般綜藝晚會。

茲舉某家中型企業的尾牙活動來舉例說明，這家公司是包下某家餐廳來舉辦尾牙，活動則是委託公關公司規劃舉辦，預算大概三十萬元左右。

案例：XX 公司歲末聯歡晚會

主題：魔幻音樂祭 MUSIC ALL NIGHT

主題說明：

今晚的尾牙晚會將令與會同仁沉浸在音符的浪漫幸福中。特別規劃三段樂章貫串整場晚會，奇幻魔術脫口秀，令在場同仁目不轉睛，意猶未盡。

節目流程：

Time/pm	晚宴 活動流程
18：30-19：00	晚宴入場
19：00-19：05	主持人開場
19：05-19：20	長官致詞　、頒獎
19：20-19：50	第一樂章—絕代風華
19：50-20：00	抽獎一
20：00-20：25	魔術脫口秀
20：25-20：35	抽獎二
20：35-21：05	第二樂章—勁爆金碟
21：05-21：15	抽獎三
21：15-21：35	第三樂章—shake your body
21：35-21：45	抽獎四
21：45～	Ending/撤場

二、記者會（新品發表會）

記者會或稱新聞發布會。如果有訊息想透過媒體讓大眾知道，可選擇某一個時間、場地，邀請記者出席，直接向記者公佈想讓大眾知曉的事物內容。為了吸引媒體報導，記者會內容必須有媒體感興趣的議題或畫面。如果是新品發表會，通常會有演出團體、代言名人及主持人。

案例分享一：手錶商慈善關懷記者會

某手錶商舉辦「A Heart for Children」慈善關懷記者會，由四位名女人共同義賣「守護天使限定組」，包括代言人林志玲、初為人母的王靜瑩、知名作家吳淡如以及知名廣播節目主持人朱衛茵。

照片由奧堤公關提供

案例分享二：黑松汽水換裝記者會

- 日期：2008.4.17（四）
- 時間：14：00～15：00pm
- 黑松出席貴賓：總經理范鋒明、發言人白錦文
- 邀請媒體：70～80 人
  - 影劇線+消費線（雙線操作）
  - 電子媒體
- 溝通訊息
  - 黑松汽水全新曲線換裝
  - 黑松汽水年度代言人林依晨出席
  - 黑松新碳酸飲料果香泡泡新上市
- 流程：

Time	Agenda	備註
14：00~14：05	主持人開場	
14：05~14：10	黑松汽水總經理致詞	邀請總經理致詞為記者會展開序幕
14：10~14：15	黑松汽水換裝介紹	邀請產品經理介紹黑松汽水換裝概念
14：15~14：20	TVC 首播	現場首播 TVCF
14：20~14：30	我的清新自然魔法秀	代言人林依晨出場
14：30~14：40	代言人訪談	主持人訪問代言人
14：40~14：45	啓動儀式	邀請代言人與貴賓進行啓動儀式
14：45~15：15	媒體聯訪	安排媒體聯訪

案例分享三：3M Nexcare 雙效保溫布套+冷熱敷墊上市發表記者會

- 活動目的：
  - 藉由媒體記者會，傳遞新產品上市訊息
  - 邀請錢韋杉擔任代言人拍攝宣傳短片與出席記者會，吸引影劇線媒體報導，增加商品曝光機會
- 日期：2009 年 02 月 18 日（三）
- 時間：

  13：00～14：00PM（影劇線）

  15：00～16：00PM（消費+醫療線）
- 地點：F&F 城市舞台藝文沙龍餐廳（八德路三段 25 號 B1）
- 公關策略：
  - 採用雙線操作，除產品本身醫療消費線之外，也安排錢韋杉擔任代言人，增加影劇線媒體曝光。
  - 好媽媽錢韋杉育兒經，如何好好照顧感冒發燒時的小孩。
- 活動設計

  MC Opening

  由主持人呂如中簡單說明記者會重點，揭開活動序幕。

  3M Speech

  3M 消費及辦公用品事業群李晉堯經理歡迎與會媒體之蒞臨，並解說總經理設計概念。

  播放宣傳影片

  現場首播邀請代言人錢韋杉與寶貝兒子邱靖一同拍攝的宣傳短片，呈現出保溫布套可以為居家生活帶來多大的便利。

代言人出場情境舞蹈（影劇線）

本次活動也邀請代言人錢韋杉一同出席記者會，特地安排四位可愛的小朋友與錢韋杉表演一小段舞蹈，用情境舞蹈的方式來呈現本次商品的特色，同時提供媒體拍攝的畫面。

家庭護理大哉問（影劇線）

由代言人錢韋杉與主持人呂如中互動談論關於兒童照護的問題，在回答的同時帶出產品的特性與優點。

產品說明（消費+醫療線）

由 3M 產品經理解說目前產品的市場狀況與保溫布套的專利材質與特性。

物理治療師簡報（消費+醫療線）

本次記者會特地邀請曾任萬芳醫院的物理治療師賴怡如小姐出席，除了進行專業物理治療醫護知識進行簡報外，並與媒體分享如何使用保溫布套在平常居家復健上的使用。

代言人與治療師互動討論（消費+醫療線）

邀請代言人錢韋杉以媽媽的身份向物理治療師賴怡如小姐請教如何運用 3M 冷熱敷墊以及保溫布套幫助居家照護更有效的 Q&A。

家庭護理大哉問

治療師簡報

照片由奧堤公關提供

三、消費者活動

消費者活動的目的是希望透過活動的舉辦，直接將產品重要訊息傳遞給消費者，以增加消費者對產品的了解。通常這類活動的舉辦地點都是在人潮較多的地方，主辦單位會邀請當紅影星，或是利用其他吸引消費者的方式，讓經過的人潮停下來參加活動，然後再藉由現場台上台下的互動，讓參加者認識商品、試用商品進而喜歡商品、購買商品。

案例分享一：卡尼爾深層美白清透面膜消費者活動

產品訊息：

卡尼爾面膜可深層美白，達到如檸檬晶亮的美白效果。

說明：

邀請卡尼爾晶亮系列代言人「美白教主」王心凌出席屈臣氏消費者活動，以巨型檸檬道具吸引民眾注意力。王心凌並擔任卡尼爾一日店員，從超大黃檸檬爆出，畫面成功吸引電子媒體爭相報導。

照片由奧堤公關提供

案例分享二：3M 抗痘雙嬌人氣總決賽

說明：

網路上持續延燒一個月的 3M 抗痘雙嬌選拔賽，在西門町由抗痘達人鄭元暢領軍，推廣「洗加貼，好更快」的抗痘新概念，進行夏日最便利、最快速的抗痘大作戰！活動中抗痘達人鄭元暢在首度曝光的行動洗臉台前，親自為幸運粉絲洗臉，號召大家一起來洗臉去痘痘！

照片由奧堤公關提供

四、大型活動

大型活動即人數較多或時間較長的活動，包括園遊會、嘉年華會、地方主題式活動（如苗栗桐花節、桃園石門活魚節、貢寮海洋音樂季）、生活型態表現（如台客搖滾嘉年華、簡單生活節）。

案例分享一：園遊會

大型活動需要事前的宣傳，才有辦法吸引民眾參加活動。以下是某醫院舉辦園遊會所採用的宣傳方式：

宣傳方式	說明
地方有線電視跑馬燈	將活動訊息有效的在地方區域有線電視上以跑馬燈的方式，跑活動訊息，選擇目標族群最多人收視的時段來達到最大的宣傳效果。
夾報 DM	將設計顯眼的活動 DM 夾在松山地區販賣的各大報中（蘋果、自由、聯合報等）。
鄰里宣傳	透過拜訪醫院附近的主要鄰里里長，請里長協助在活動中心張貼 DM、里民聚會活動中宣傳等等方式來將訊息資訊深入里民印象中。
宣傳車	利用宣傳車在醫院附近鄰里社區廣播宣傳活動訊息。
門診時刻表加註活動訊息	在醫院取閱率最高刊物上加註活動訊息，讓更多來醫院的民眾得知訊息。

活動架構：

　　園遊會通常分舞台活動及攤位兩大部分。舞台活動會按照固定時間及流程來進行各項表演節目；攤位則提供各式吃喝玩樂服務讓民眾走走逛逛。請參考以下園遊會活動架構圖：

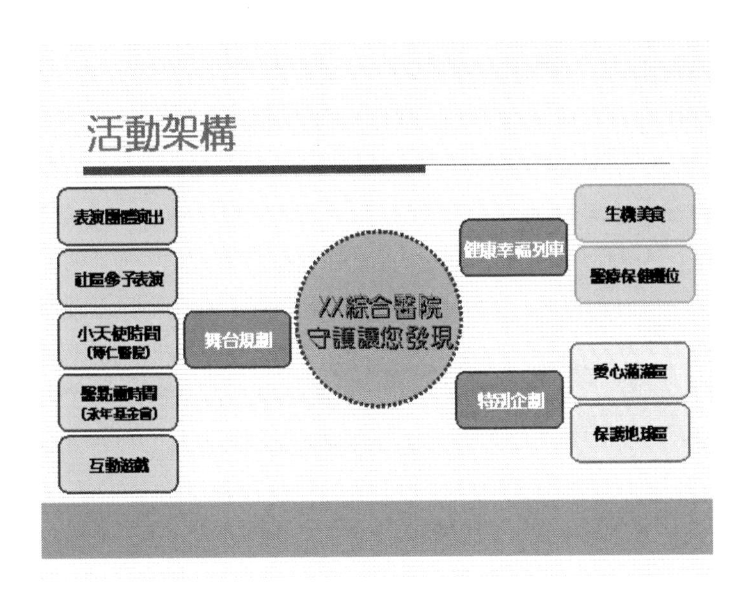

案例分享二：2006 年 統一夢公園嘉年華會

活動概述：

1. 時間：95 年 10 月份連續 3 週假日。（五）～（日）
2. 地點：台北、台中、台南等三地
3. 對象：統一企業內部員工親友、一般民眾
4. 主題：主題式嘉年華會

5. 內容：
   (1) 主題館（北海道館、兒童樂園館、健康美妝館、統一企業主題館、歡樂美食館）
   (2) 美食小吃攤位
   (3) 農特產攤位
   (4) 舞台表演及競賽

執行方式：

1. 活動主軸規劃設計
2. 活動場地洽詢
3. 場地平面配置圖規劃
4. 整體視覺美術設計暨場地佈置
5. 舞台暨場內活動規劃
6. 主題館暨一般攤位招商計畫
7. 廣告宣傳計畫
8. 開幕記者會籌劃

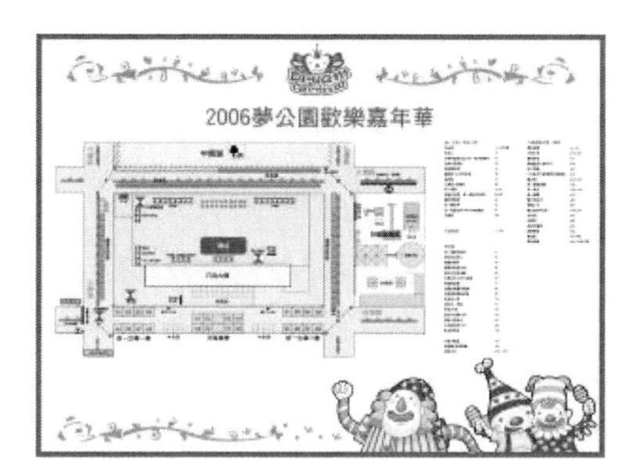

照片由奧堤公關提供

第九章　公關新聞議題操作

一個組織或個人若想成功利用公關手法搶佔媒體版面，第一，必須充分了解媒體的運作及特性，第二，操作的公關議題內容必須要有新聞價值，第三，組織公關人員與新聞界也必須維持良好的互動關係。其中最重要的部份，就是操作的公關議題是否有新聞價值。

壹、公關新聞議題操作經典案例

美國著名的公關大師伯納斯（Edward Bernays）被譽為公關教父，他在第一次世界大戰前後時期擔任美國菸草公司的公關顧問，行銷幸運牌香菸。由於當時大多是男性在吸煙，美國菸草公司希望能拓展女性的吸煙市場，因此，伯納斯便開始一連串的公關議題操作。

首先，由於當時女性飯後的飲食習慣是水果、咖啡及甜點，伯納斯想要讓香菸取代甜點，使抽煙成為女性飯後的習慣之一，便先說服攝影師及藝術家，在雜誌上讚美纖瘦的身材，形成一股苗條女性才算美女的風潮。然後，他又使醫師及營養師在報章雜誌上發表醫學報告，指出吃甜點會讓女性發胖，藉此打擊甜食，並說明正確的餐後飲食應該是水果、咖啡及一根香菸。果然，他說服了怕胖的婦女族群，讓她們相信香菸是取代糖果餅乾的最好物品，讓人苗條又美麗，也讓幸運牌香菸銷售量大增。

不過，美國菸草公司並不因此滿足，希望伯納斯能想出方法讓女性也能在戶外抽煙。當時的社會，女性跟男性並不完全平等，許多女性的慾望都被迫隱藏起來，包括不敢在戶外抽菸。伯納斯利用這點矛盾，舉辦了一場婦女解放運動，號召當時知名女性組成遊行隊伍，在美國紐約最具代表的第五街大道上遊行，遊行過程中大家都勇敢抽菸，點亮「自由火炬」(亦即香菸)。這場活動在次日登上美國全國及地方媒體的各大版面，名女人抽菸的照片被刊登在許多報紙頭版，也掀起一股女性戶外抽菸的風潮。把香菸巧妙跟自由火炬連結在一起，伯納斯又一次成功操作公關議題，幫助美國菸草公司達到很好的業績。

上述的策略中，伯納斯成功利用攝影師、藝術家、醫生、營養師及知名女性等第三人的背書，成功炒作出「女性瘦才好看」、「甜食會變胖」、「抽菸會變瘦」、「飯後正確飲食是抽菸」及「女性在戶外抽菸是自由的表現」等議題，大大的提升了香菸的銷售，但卻完全看不出來美國菸草公司在幕後主導，實在是公關議題操作的成功經典案例。

貳、如何增加事件新聞價值

之前本書介紹過媒體喜歡報導的題材以及新聞價值，以下根據之前的內容，歸納幾點增加事件新聞價值的方法。

一、配合當時的新聞、熱門話題、社會事件或節日

新聞媒體通常會針對公眾特別關心的話題及事件進行一窩峰的報導，因此只要將欲曝光的事件或產品，與媒體關心的焦點做連結，即可利用搭便車的方式，搶到媒體版面。

（一）搭配熱門話題之案例

某教育機構推出公關教育課程，想利用新聞媒體為此課程進行宣傳，便將此課程與當時的熱門話題搭上關係。教育機構推出課程的時間為 2009 年初，而在 2008 下半年至 2009 上半年期間，經濟不景氣一直是媒體關心的焦點，媒體經常報導在不景氣之中，社會上發生的各種現象，以及小市民如何求生存。教育機構便將推出公關課程與經濟不景氣做出連結，發出「經濟不景氣時　公關課程熱門」的新聞稿，以下是新聞報導：

經濟不景氣　公關課程熱門（自立晚報 2009.03.11）

【記者言大中台北報導】

近來失業率持續攀高，許多上班族紛紛開始培養第二專長，公關教育訓練機構成了另一個熱門行業。最近幾個在大公司服務的資深公關行銷人，看準這個趨勢，利用下班時間，成立「伊堤行銷人成長學院」，設計了多項低價行銷公關課程，把多年的公關行銷經驗和大家分享，協助上班族順利進入行銷公關行業，以打敗這波不景氣。

「伊堤行銷人成長學院」執行長葉元之指出，行銷公關業是走在流行尖端的行業，公關一直是時尚、創意、充滿變化的代名詞，容易接觸到各式各樣最新的事務，所以一直是大家最想進入的行業之一。不過，雖然很多人對公關行銷業有興趣，但不一定對公關行銷業很了解，所以成立「伊堤行銷人成長學院」，讓更多人了解行銷公關業的內涵。

葉元之表示，公關業進入門檻較低，只要具有創意、細心、有辦活動的經驗及擅長溝通，即使不是相關科系畢業，經過短期的訓練，都可考慮進入公關這行。

「伊堤行銷人成長學院」的講師包括外商公司公關經理、公關公司總經理及網路創意總監等資深行銷公關人員，每位講師目前都還在業界工作，均有十年以上的經驗。

「伊堤行銷人成長學院」目前推出「公關達人養成班」系列課程，包括理論講授及實務訓練，協助想進入公關行業的學員具備完整的公關能力，讓新手上完全部課程後，馬上可以轉進公關領域。有興趣者可參考網站：http：//tw.myblog.yahoo.com/etemarket/ 。

（二）對當日新聞做即時回應之案例

某汽車旅館的股東之子在某日於自家汽車旅館舉行婚禮，婚禮非常具有創意，且汽車旅館本身也頗具特色，因此汽車旅館想順便邀請媒體前來採訪進行宣傳，希望透過媒體告訴社會大眾，在汽車旅館舉行婚禮也是一個很好的選擇。然而，剛好舉行婚禮當天，遇到台灣有史以來政府第一次發消費券給民眾，當天的新聞焦點一定都是跟消費券有關的報導，因此即使婚禮辦的非常有創意，新聞還是很有可能出不來。

為了確保婚禮過程可以被報導，股東之子在婚禮中加入了「消費券」之元素，在喜帖上印製「歡迎用消費券當作禮金」的字樣，並在婚宴入口處佈置婚禮接待處，以桌牌設置「消費券禮金收取處」，讓賓客以消費券當禮金，也使媒體可以捕捉清楚畫面。

在利用消費券議題吸引媒體前來之後，為了讓汽車旅館本身的LOGO可以露出，汽車旅館則安排了古羅馬式的婚禮進場，讓新人乘坐華麗馬車環繞汽車旅館進場，同時有鐵甲騎士隨車護衛，侍者吹號角前導入場。馬車正面、背面皆輸出有汽車旅館字樣的LOGO背板，讓媒體捕捉新人入場畫面時，露出汽車旅館形象。

此外，汽車旅館還安排新郎在汽車旅館頂樓的空中花園向新娘浪漫求婚，以及新人入住汽車旅館的主題式房間，提供電子媒體豐富畫面，藉此傳達婚宴場地以及主題式房間的相關訊息。以下是新聞報導：

消費券紅包 新郎：嘛A通 （2009年01月19日蘋果日報）

【記者朱正庭、徐毓莉報導】

消費券發放首日，就連結婚新人也來搶，一名陳姓牙醫昨除包下汽車旅館舉辦婚禮宴客，還特別註明讓親友用消費券包禮金，他笑說：「反正可以拿來付喜宴支出。」剩下的消費券則打算帶妻子來趟環島旅遊度蜜月。

選擇昨天宴客的陳姓牙醫，一年前和同在一間醫院實習的護士女友相戀，進而決定共度一生，昨天特別大手筆包下大直古堡式汽車旅館補請親朋好友，還有馬車、武士等排場，入口收禮金處還特別註明「收取消費券」。

陳先生表示，有親友日前詢問他能不能用消費券包紅包，讓他有了「包消費券嘛 A 通（台語，都可以）」的點子。他說：「消費券也等同於現金，而且拿來消費折扣還特別多。」接下來將利用消費券帶老婆環島旅行，繼續拼經濟。

參加喜宴、以消費券包紅包的丁先生說：「3600 也是一個吉祥數字，拿來包紅包也不錯，不用另外支出現金。」

銘傳大學應用中文系教授徐福全表示，早期親友恭賀男方結婚會送禮金，女方則是添嫁妝，後都轉成以禮金表達祝賀之意，但現在社會婚喪喜慶也有人改包禮券，「不執著於新台幣」，消費券對新人也很好用，酒席、旅館都可支付。

電視露出表

日期	媒體	標題	長度
0118	東森新聞	喝喜酒祝賀新人 「消費券」當紅包	90 秒
0118	年代新聞	消費券當禮金 1/18 結婚新人：好兆頭！	80 秒
0118	八大 GTV	消費券另類使用法 當結婚禮金	87 秒
0118	民視新聞	擇期不如撞日 消費券就當禮金用	97 秒
0118	中視新聞	消費券怎麼花 飯店溫泉旅館送好康	30 秒
0118	TVBS	3600 消費券 喝喜酒包紅包嘛通	74 秒

（三）在公眾關注某一社會問題時推出新的服務計劃

以下這個例子，是某一家航空業者在經濟不景氣時，推出非常便宜票價的機票，獲得媒體關注：

台北飛吉隆坡 888！！廉價航空攻台

（TVBS　記者張惠民　羅樹明台北報導）

先前華航董事長魏幸雄才說，航空業的燕子來了，冀望景氣回溫同時，卻得先面臨強敵壓境，因為打著廉價口號的亞洲航空，正式進軍台灣市場。第一波促銷，就推出 5 千張台北往返吉隆坡，最低單程票只要 888 元。不過雖然價格吸引人，但托運行李要另外付費，機上想喝水、吃飯，也都要點餐花錢。

打出人人都能飛的口號，馬來西亞發跡的廉價航空公司，正式宣告進軍台灣。而美女空姐手上拿的 888，就是送給台灣民眾的見面禮。台北到吉隆坡千元有找，超低價格的確震撼業界。

尤其比較台北往返吉隆坡，不含機場稅，華航來回票價，從淡季 8500 到旺季 11500，長榮航空則從 9500 到 12500。不過亞洲航空單程機票，同一架次，卻從 1390 到 9390，分成 12 種價格。

平常已經夠低價，但如今針對 7 月 1 日到 2010 年 1 月 31 日的航班，推出 5 千張 888 元機票，等於來回 1776 元，加上雙邊稅金，總計最低只要 3246 元。亞洲航空副總裁陳凱霖：「新飛機已經省了（50%）油，我們的座位是很多，我們有 380 個座位，沒有空橋，我們就是比較儉樸的操作方式。」

二、運用創意提高事件原創性

（一）用不同於傳統的方式表達

媒體喜歡報導特別的事情，所以不同於傳統表現的才具備新聞價值，換句話說，不按牌理出牌就有可能得到媒體的青睞。例如，在普通伸展台上舉辦模特兒走秀就是一種傳統的表現，因為模特兒本來就都是在伸展台上走秀，媒體會覺得習以為常，沒什麼值得注意。但是，若今天是在捷運上或是公共廁所裡舉辦模特兒走秀，那就是一種不同於傳統的表達，一定會受到媒體注意。

以下這則新聞報導，是一家遊樂園業者推出一種不同於傳統的觀賞動物方式。一般遊客都是隔著柵欄觀賞動物，但這家業者卻讓遊客坐在車子裏被獅子及老虎追，非常刺激！

新創意搶商機！　來動物園給獅子追（TVBS　2009/4/24）

記者：侯力元　新竹報導

不景氣，出國旅遊的人次變少，卻間接讓國內的遊樂園業績，逆勢上漲，但業者想維持消費者的新鮮感，讓業績保持長紅，新竹就有業者，推出廂型行讓獅子追的行程，近距離觀察獅子和老虎等猛獸外，還可以親手餵食長頸鹿和駝鳥，在安全的情況下，享受和猛獸近距離接觸的刺激。

遊客：「哇！」唉唷！一隻一隻獅子跟車跑，這麼恐怖，好像是「上帝也瘋狂」的電影場景。遊客：「好近喔！好近喔！」未免也太刺激了！這是動物園的新玩法，直接開車進去跟猛獸近距離接觸，老虎就在旁邊。

遊客：「哇！好近喔！好近喔！」餵駝鳥、餵長頸鹿和動物近距離接觸，還開車載遊客給老虎追，業者出奇招，玩很大，服務加值，但票價都沒漲。原因是業者為了維持從過年以來的長紅業績，再出絕招，讓遊客玩更大的，經濟不景氣，出國人次變少、國內遊樂園業績反而逆勢上漲。

今年過年，國內遊樂園就出現好久不見的盛況，接著一直到 4 月雖然沒有長假，但遊樂園生意都很不錯， 業者為了讓消費者保持新鮮感，連獅子也變成銷售法寶。就怕遊客還沒玩膩，獅子追車先追膩了。

三、提高事件趣味性

有些事件並不重要，但因為活動本身具有趣味性，可創出有趣的畫面，仍然可獲得媒體的青睞。例如新聞偶爾會報導一些百貨公司開幕時，為了吸引人潮，在空中灑錢讓民眾來接。這新聞本身並無重要性，而且並不是第一次出現，但因為民眾搶錢時，可能會用各種道具或動作來搶錢，畫面非常有趣，所以很容易獲得報導。其他如寶寶爬行比賽的新聞也經常在電視上出現，因為寶寶在比賽時不受控制，有的寶寶會爬一半坐在地上大哭，有的則會爬一半直接站起來用走的，這些畫面都非常有趣。

以下這個案例，是一家筆記型電腦大廠在參加電腦展時，推出名媛造型大賽，冠軍可以用低價獲得電腦，吸引參賽者使出渾身解數來表演，非常有趣味性。

電腦展流血砍價　999 元買兩萬筆電（TVBS　2009/8/1）

記者張介凡　楊育昇　台北報導

台北應用電腦展在世貿一館登場，前 2 天就已經擠爆了，今天又有廠商追加限量優惠商品，展場一開門就擠的滿滿都是人；有筆記型電腦大廠推出名媛造型大賽，冠軍可以用 999 元的低價，買到 2 萬多元的筆電，不只吸引女生，連男生都來一拚高下，結果是一位昨天得到第二名的女生，以低胸禮服，擊敗其他對手，買到 999 元的筆電！

參賽者：「OL 的時尚風，跟朋友借一套魔術師的裝扮。」為了用 999 元，買 2 萬多元的筆記型電腦，型男正妹盛裝出席，不只比造型，還有人當場露腹肌、變魔術，什麼花招都有，但都拚不過這位企圖心超強的辣妹。

造型比賽冠軍小 P：「我的電腦壞了，那昨天我有來參加，可是以 0.7 分貝輸給第一名，所以我就想說再給自己一次機會，來試試看，那今天可以拿到第一名，我很高興。」

前一天的比基尼大賽落敗，這回改以白色低胸超短禮服拚場，果然皇天不負苦心人，買到超超超便宜筆電！

四、提高事件真實性或反應社會趨勢

公布民調或調查報告數據，也是吸引媒體注意的方法。例如網路人力銀行就經常公佈針對上班族所做的民調數字，引發媒體報導。如果善用民調，可以增加新聞的可看性。請看以下案例：

開南大學公關人才培訓社為慶祝母親節的到來，特別舉辦「媽媽咪呀」母親節感恩活動，邀請媽媽到學校參觀，並和子女進行互動遊戲。為了加強活動的新聞性，特別針對校內學生進行「親子關係調查」。

慶祝母親節　開南大學公關社邀媽媽到校互動

（2009-05-08 NOWnews　記者范文濱／桃園報導）

過兩天就要母親節了，有感於母親與同學間相處時間越來越少，為了增進母親和同學之間的情誼，開南大學公關社 7 日晚上舉辦了一場別出心裁的「媽媽咪呀」母親節感恩活動，邀請同學們的媽媽到學校來參觀，並且進行互動遊戲。每位同學都和媽媽講了一段感性的告白，其中有位林同學在告白中和母親道歉，母子擁抱化解了長久以來的心結，現場氣氛非常溫馨，很多人都掉下感動的眼淚。

開南大學公關人才培訓社並針對校內同學進行調查，以了解出外唸書的大學遊子，一學期跟媽媽見幾次面。調查指出，住校跟外宿的同學，平均一學期只回家三次，而有百分之三十四的媽媽，在小孩讀大學這段期間，從來沒到過學校。顯示小孩讀大學後，母子見面的次數真是少之又少！

別出心裁的「媽媽咪呀」母親節感恩活動一開始，在輕鬆的氣氛下進行，公關社設計同學們和母親進行「默契大考驗」的活動，例如，媽媽必須蒙眼，根據子女特徵找到自己的子女。其中有位身材較胖的何同學，媽媽根據他的鮪魚肚而完成任務，讓現場同學笑翻；在猜媽媽腰圍的題目中，全部同學幾乎全軍覆沒，大家都慚愧表示：「真的太久沒抱媽媽了！」

由於調查顯示，大部分的媽媽在子女就讀大學期間，真的鮮少來到子女的學校，因此在活動的最後，同學們各自帶媽媽認識校園，看看學校美麗的夜景，述說著在學校各地方所發生的點點滴滴，並欣賞高空煙火，以填補平常較少互動的遺憾。

指導老師葉元之表示，根據公關社同學的調查，在子女讀大學這段期間，有 90%的媽媽到過學校僅三次以下，其中有 34%的媽媽從來沒到過學校，有 56%的媽媽僅到過學校 1～3 次。而到過學校的媽媽中，有 44%的媽媽來校目的是在子女剛進入大學時，協助子女搬宿舍，顯示越高年級，媽媽來學校的機會越少。

五、綜合應用

在進行公關議題操作時，可以將上述策略混合運用，議題內容越豐富，被媒體報導的機會就越多。下面這個公關操作案例，業者就同時採用了「配合當時節日」、「創意」、「趣味」及「提供數據」這幾個策略。

我礙你 最瞎分手詞

kuso 票選 「5 秒後忘了妳 講完剩 2 秒」

2009 年 08 月 22 日蘋果日報

【楊雅靜／台北報導】七夕情人節將到，有一寬頻業者突發奇想，舉行分手理由問卷調查，吸引 1000 多名網友留言分享，並票選出最瞎分手金句，如「我礙你、妳礙我」、「愛上你是我的錯，不要讓我一錯再錯」等，而此項調查也發現，新生代多數不想面對情人講清楚說明白，有三成的人是利用網路知會分手消息。

另類迎接情人節

七夕到了，bb 寬頻業者一反傳統應景活動，在官網舉行「分手說掰掰大調查」問卷，從平均年齡 20 至 30 歲的 1126 名受訪者中發現，有三成受訪者會選擇、或曾面對用 MSN 或電子郵件知會分手消息，二成五會以電話告知，另有二成選擇簡訊通知，會和情人當面說清楚的只有一成多。

業者也舉行最瞎分手金句票選，網友表決如：「愛上你是我的錯……不要讓我一錯再錯」、「我礙你、妳礙我」、「算命說我以後才會遇到真命天子」、「五秒後我會徹底忘了妳，講完還剩兩秒……」等句子讓人印象深刻，其中也有「我是外星人」、「愛到卡慘死，可是我還活得好好的」等 kuso 字句。

失戀男分享經驗

還有人把「生命安全」搬出來當藉口，擔任活動企劃的張先生（34 歲）即說，前女友考上調查員，受訓後便開始工作，且變得若即若離、行蹤詭譎，但她皆以「秘密任務」帶過，某天突然在電話中告訴他：「為了你人身安全，我們還是分手吧。」後來才得知原來她有新歡了。

擔任會計的李小姐即說，交往一年多的前男友突然對她說：「我好像比較喜歡男人」，兩人只好分手，之後發現前男友的結婚對象還是女人。

此外，網友們也覺得「個性不合」、「你太好我配不上」、「我媽覺得不適合」等理由，太爛又毫無創意，連分手都懶得動腦想藉口，讓人最火大。

最瞎分手金句

◎愛上你是我的錯，不要讓我一錯再錯

◎我礙你、妳礙我

◎算命說我以後才會遇到真命天子（女）

◎愛到卡慘死，可是我還活得好好的

◎五秒後我會徹底忘了妳，講完還剩兩秒……

※資料來源：bb 寬頻

以下這個公關操作案例，業者則同時採用「配合當時節日」、「創意」、「趣味」這幾個策略。

案例分享：台南某英語補習班生活教學公關活動

案例介紹與新聞議題點分析：

台南某家兒童英語補習班，為了提高招生率，在接近過年的時候，規劃了一個「英文寫春聯 歡喜慶新年」的公關活動，並且通知新聞媒體前去採訪，希望媒體能報導補習班很重視生活英語教學的訊息。

英語補習班所吸引媒體的新聞議題點，是配合即將到來的重大節日——新年，並且規劃了一個具有原創性的活動——英文寫春聯，巧妙將補習班教學與新年做了結合。一般大家所看到的春聯都是用中文毛筆字所撰寫而成，從來沒看過英文的春聯，而補習班不僅用毛筆寫英文春聯，還自行將春聯上的吉祥話翻譯成英文，並且由小朋友親自撰寫及背誦，為活動增添了許多趣味。原本在接近新年的時候，任何與新年話題扯的上邊的題材，都很容易獲得媒體報導，而補習班所規劃的活動又加入了許多原創性與趣味性，因此吸引了不少媒體前去採訪。

活動方式：

利用一個週末的上課時間，把課程改成新年特別教學活動，在課堂上教小朋友用英文寫春聯。

- 議題：英文寫春聯 歡喜慶新年
- 活動時間：2005 年 1 月 22 日（六）下午 14：30
- 活動地點：大必佳兒童美語
- 活動對象：大必佳學員（國小生為主）
- 活動策略：
  - 搭配新年話題
  - 英文春聯的創意
  - 結合中國節慶的英語教學
- 場地佈置：
  - 新年氣息的裝飾品
  - 牆壁上先貼一些事先寫好的英文春聯
- 活動內容：
  - 毛老師用毛筆寫英文春聯

- 班主任發春聯、解釋春聯內容
- 小朋友寫春聯、背春聯拿紅包

■ 活動流程：

- 14：00-14：30　媒體接待/新聞資料袋/小朋友就位
- 14：30-14：35　班主任開場/向小朋友講解活動內容
- 14：35-14：50　毛老師用毛筆寫春聯/班主任在一旁解釋／小朋友跟著念
- 14：50-15：00　小朋友寫春聯、背春聯拿紅包
- 15：00-15：05　班主任結語/Happy Ending
- 15：05-15：10　班主任接受媒體訪問（說明舉辦活動的目的）

新聞報導：

台視新聞 2005.02.08

再過幾天就要過年了，很多家庭在除舊佈新後，都會貼上各式各樣的春聯，但是你有看過用毛筆寫的「英文春聯」嗎？在台南有位教英文的老師，就舉辦了用毛筆寫「英文春聯」的活動，讓小朋友更能輕鬆學英文。

這年頭會用毛筆寫春聯的人已經不多，更何況還是寫英文春聯，底下的小朋友看得專注，迫不及待要自己來試一試，沒想到，這彎彎曲曲的英文字母，寫起來還真不容易有的小朋友乾脆來個中翻英或是寫最簡單的字母春聯，反正過年嘛，開心就好過年在家無聊嗎？自己也來試試看，寫一副獨一無二的英文春聯，貼在自家門口，說不定今年會萬事亨通呢！

參、與媒體溝通新聞議題

擬定出新聞議題，可以直接召開記者會廣告周知，也可以只選擇一家媒體進行溝通。溝通後可以找出更符合媒體需求的新聞議題，請看以下案例：

有一個年輕創業家開了一個藝術畫廊，因為他本人酷愛名車，所以一開始就推出名車照片的複製畫，一幅售價六千元。為了刺激銷售，他想出了買畫抽法拉利的抽獎方案，只要花六千元買一幅畫，就有機會抽到價值 1320 萬的法拉利。

議題環境：

議題操作前不久，台中市政府舉辦的「使用消費券抽千萬豪宅」活動得主正好出爐，且獲得各家媒體大幅的報導。當時各縣市政府為了爭取消費者在該縣市使用消費券，無不使出渾身解數想盡各種方法吸引消費者，其中又以台中市政府最為大手筆，提供千萬豪宅當作第一大獎，獲得民眾熱烈的響應。

議題分析：

「買畫抽法拉利」跟「使用消費券抽千萬豪宅」這兩個活動，模式看起來類似，但新聞議題點不盡相同。以「使用消費券抽千萬豪宅」這個活動來說，因為牽涉到公共政策，影響的層面較廣（使用消費券的人較多），抽獎的獎品又是空前的大，因此自然容易受到媒體的關注。至於「買畫抽法拉利」活動為私人營利目的，雖然提供的獎品法拉利也是一樣的昂貴，但媒體通常不願意在新聞中幫特定私人公司宣傳，而且買畫的人也不是那麼多，影響性較低，操作起來較困難。

溝通方式：

直接跟電視台記者溝通，得出兩點有新聞價值的議題點：

第一，由於當時經濟環境不佳，媒體話題經常圍繞各行各業如何在不景氣的時代，運用各式創意生存下來。以本案例來說，若要搭不景氣的話題，則可說成在不景氣時代，民眾顧自己的肚子要緊，根本沒有人要買藝術品，因此業者想出用大手筆的抽獎方式去刺激買氣，算是不景氣時的求生之道。之前媒體也曾報導過，某家知名 KTV 業者因應不景氣，中午開始賣便當，這也是不景氣時代的開源方式。

第二，除了搭不景氣的話題，本案例所提供的獎品法拉利，也是破天荒昂貴的獎品，甚至比使用消費券所抽的豪宅更大手筆。由於是第一次出現這麼貴的獎品，具有新聞價值中的原創性，也可或多或少吸引媒體的注意。

TVBS〈獨家〉拚促銷　花 6 千買「照」能抽法拉利

記者：張靖玲　攝影：葉蒼霖　報導（2009/5/10）

花 6 千元就有機會抽中千萬跑車，標榜機率比樂透還高，原來這是種新型態行銷手法，業者說市場不景氣，裝飾照不好賣，於是先砸大錢當誘因，獎項除了跑車，還有名牌包、名錶等，當然業者也不是省油的燈，遊戲規則註明，除非賣超過 8,000 張，才會抽大獎，換言之，要是沒到的話，跑車就不抽了。

千萬跑車，想要嗎？前提是得先買一幅畫，才有機會抽跑車，說穿了，是不同跑車照片，但一張賣你「6 千元」，第一個星期結算，只賣出 35 張。抽獎見證律師：「3 號。」

得獎消費者：「大概有算過，應該有賺到這樣子。」記者：「賺多少？」得獎消費者：「因為前後（跟朋友）一起買 4 張嘛，所以大概應該有賺 10 幾萬，機率都應該比樂透還要高很多。」

得主坦承跑車魅力實在太大，不過抽到 20 多萬的手錶，投資報酬率還是划得來。

原來除了第一大獎跑車外，其他「小獎」，還包括 70 萬重機、35 萬精品包，還有 20 萬相機等等，打著同樣算盤的，還有她跟他。得獎消費者：「有就算賺到啦，台灣人的精神，投資報酬率不是滿高的嗎？我用 6 千元去買到一支 20 幾萬的錶，還有一幅畫。」

摸準消費者這種心態，業者拿跑車放店面當噱頭，看有沒有更多人也願者上勾，定價 1,200 多萬，加上其他展示獎項，「廣告費」至少就 1,600 多萬；但要賣到 8 千多張，才會抽跑車，帳面可收入 5 千多萬。

業者打如意算盤，只是 6 千元買張門票試手氣，值不值得，人人標準不一樣。

第十章　媒體關係經營與管理

壹、媒體公關組織之設置

媒體公關單位負責的工作包括向媒體傳遞訊息、新聞聯繫及媒體服務。無論是企業或是非營利組織，都會需要透過記者發表會、活動、接受專訪及發布新聞稿等方式，來向媒體傳遞訊息。而這類工作既專業且繁雜，因此，重視公關工作的組織通常會設立專門的公關單位，做為組織及媒體之間的橋樑，例如企業的公關部或是政府機關的新聞室均屬之。

公關單位之規模與工作內容，會隨著所屬組織的大小及重視公關的程度而有所不同。以政府機關來說，機關首長經常是媒體追逐的焦點，媒體聯繫工作相當複雜，有些政府機關會經常性的召開記者會、發布新聞稿、安排媒體記者跟隨首長行程、安排首長接受媒體專訪及參加節目、服務每日到訪機關的記者及接待國外觀察團及媒體等。因此，這類組織的架構通常是十分專業化、複雜化，通常會特別將新聞公關獨立出來，編制數位新聞聯繫人，成立公關室，專職處理媒體公關工作；有些組織雖然業務及規模較小，但重視公關工作，雖然不設專門的公關部，但也大多有專職媒體公關的新聞聯絡人。

公關人員包括：

一、發言人

發言人是組織架構中，對新聞媒體的窗口。當首長因活動太多而分身乏術時，發言人是記者最主要的消息來源。發言人的設置有其必要性，首先，首長行程忙碌，無法隨時面對媒體；第二，若在緊急的情況下，首長容易因準備不周而說錯話，可能造成覆水難收的窘狀；第三，有些不便由首長直接說明的話，可由發言人代勞做個緩衝。

二、新聞解說員

有些政府機關或競選總部會有專人擔任新聞解說員（news teller），和記者保持密切的互動。新聞解說員和發言人是不一樣的，發言人是檯面上對著麥克風講話的人，新聞解說員則是在私下為記者解讀各個新聞訊息，告訴記者新聞事件或議題背後的意義。新聞解說員必須有很高的新聞敏感度，不斷和記者解說新聞背後的意義，當記者對這個新聞有興趣時，提供足夠的資料激發記者寫這條新聞的熱情。

三、新聞聯絡人

公關人員可分為「公關管理者」及「公關技術人員」兩種（吳宜蓁 1995），公關管理者負責公關策略的擬定，公關技術人員則負責執行公關決策活動，譬如發新聞稿、辦公益活動、製作投影片、舉行記者會等。新聞聯絡人的工作偏向「公關技術人員」角色，負責執行組織或發言人所交代的與媒體有關的任務，譬如聯絡及服務媒體、撰寫及發布新聞稿、佈置記者會現場等。新聞聯絡人最好有媒體背景，能熟悉媒體的操作與需求。

貳、新聞決策機制之建立

新聞發布決策機制指的是新聞發布的指導來源，也就是決定新聞發布內容的過程。公關單位通常是執行單位，組織裡需要有更高層的人員先決定策略，再由公關單位發布，因此，組織裏必須有一個統一機制來整合各個單位，避免因橫向聯繫不夠，而出現對媒體發言不一致的情況。例如行政院通常有例行的院會討論，再由發言人對媒體發言。此外，在激烈的選戰中，競選總部也需要一個戰鬥團隊來快速反應每日出現的選戰議題，例如 2006 年底國民黨北高市長選舉中，國民黨競選總部所成立的「選戰 PK 小組」，即是由立委及名嘴所組成、每日設定選戰議題的重要單位。

參、媒體公關操作與媒體關係經營

一、蒐集媒體名單

新聞媒體的採訪部門通常依採訪對象及新聞內容的性質而分成政治中心、財經產業中心、社會中心、消費生活中心、影劇中心及地方中心（參考下頁圖），各單位內的記者還會有自己各自經營的路線，例如消費中心的記者又可區分成跑 3C 產品的記者、跑化妝品的記者或跑精品的記者，所以為了做好新聞聯繫工作，組織公關單位第一步必須先確定主跑自己組織的各家媒體記者是哪幾位，以進行媒體名單的蒐集。

例如，餐飲公司就要確定跑食品線的記者是哪幾位，非營利組織則要蒐集跑社團的記者名單；如果是公關公司替客戶辦記者會，就要根據客戶的屬性來蒐集媒體名單，例如幫銀行辦記者會，即蒐集財經線記者的名單。

至於如何蒐集到所需要的名單，最直接的方法就是打電話到各媒體的「編政組」，索取記者的姓名、手機號碼（平面記者通常不會在報社，所以手機非常重要）、傳真及電子郵件等相關資料。這個方法雖然最簡單，但是也最沒有效率，因為有時候會碰到媒體不願意提供記者的相關資料，而是要求公關人員先留下電話，再請記者回電。然而，記者回電的機率通常很低；若是想邀請記者參加活動而打電話到媒體，媒體大多是要求公關人員先傳真活動採訪通知到媒體，若記者有興趣再去採訪。

所以，媒體名單的蒐集並不是一件容易的事，有時必須不斷的透過舉辦活動來累積相關媒體名單，或是利用出席某些活動的機會，來和出席的記者交換名片。例如某電信公司參加電信展，剛好碰到有些跑電信的記者主動到該公司的攤位採訪，那就可以藉機認識一下。

由於跑同一條路線的各家媒體記者彼此大多互相認識，因此，公關人員和少部分線上記者認識後，即可向較熟悉的記者詢問其他媒體記者的資料，慢慢把名單建立起來。

若公關人員有認識其他相同性質組織內的公關人員，而彼此感情也不錯，比較偷懶的方法，就是私下找那組織要名單。例如 A 生技公司是一家新的公司，它需要建立跑生技的記者名單，而 A 公司的公關人員認識 B 生技公司的公關人員，B 生技公司剛好已經有完整的名單，那 A 公司人員就可透過關係要求 B 公司提供。

公關公司內部通常會有各路線的媒體名單，因為公關公司的客戶來自四面八方，各個領域都有，通常客戶也會建立相關路線的媒體名單，所以公關公司在幫客戶辦活動時，即可要求客戶提供手上現有的記者名單，以利活動的聯繫作業。

由於記者有一定的流動率，因此公關人員要記得隨時更新手上的媒體名單。若打電話給某記者，而該記者告知他已經離開那家媒體時，記得要詢問該記者接任者是誰。離職者多半會知道接任者是誰，即使不知道，離職者也會告知聯繫的窗口是誰（例如某某長官）。

平面媒體編制

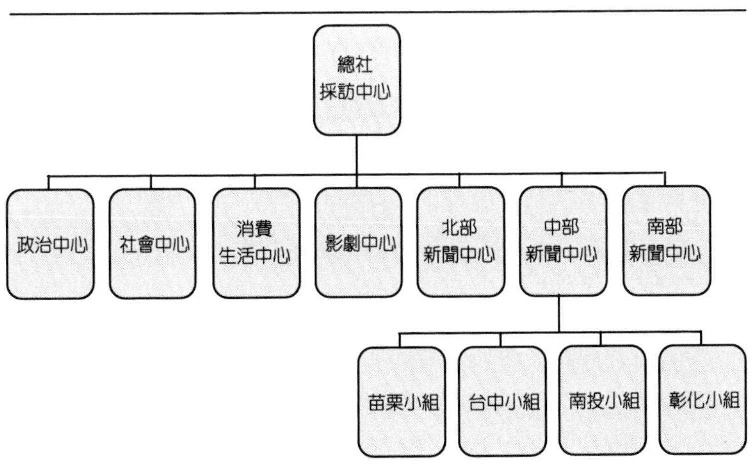

電視台採訪中心組織

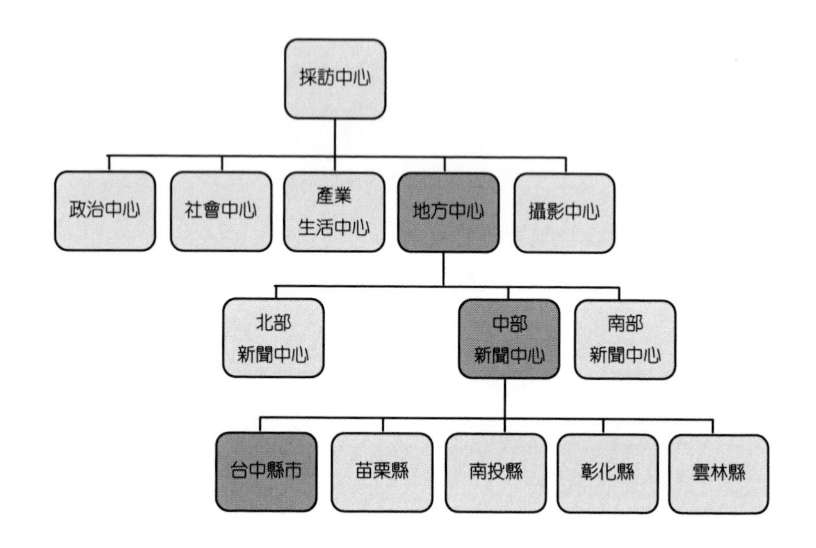

二、新聞聯繫管道建立

當舉辦公關活動時，公關人員就會有與媒體聯繫的機會，譬如通知記者採訪組織舉辦之記者會及活動、或提供記者組織的相關訊息。以新聞聯繫管道來說，電話當然是最直接的工具，新聞聯絡人並可藉由和記者通話的機會增進彼此的關係。若是聯繫記者參加活動，可先在活動三天前將採訪通知 e-mail 至記者的信箱，或傳真到媒體，然後打電話給記者確認是否有收到採訪通知，並在電話中告知活動的新聞賣點，邀請記者參加。

拜科技發展之賜，現在有些組織也會用手機簡訊來發布採訪通知或是新聞稿。

手機簡訊的使用是透過電信公司的專屬網頁，公關人員將媒體記者的手機號碼輸入到網頁中，並設成群組，每次發簡訊時，公關人員只需打一次文字內容，就可以大量散發到每位媒體記者的手機中，相當省時方便。簡訊通知完以後，如果有必要且時間容許，公關人員可再用電話一一告知。

手機簡訊因為有字數的限制，所以採訪通知的字數通常限制在七十字之內，只會簡單交代記者會召開的主題、時間、地點、新聞賣點及主持人的名字，譬如「採訪通知：X 月 X 日 X 時，XX 地點，XXX 召開『XX』記者會，新聞聯絡人：XXX（電話：XX）」。

不過，由於手機簡訊的字數較少，無法傳遞完整的訊息，因此，僅有在政府機關舉行重大訊息記者會時，只用簡訊來發布通知。一般軟性的宣傳活動（如消費性產品的上市記者會），還是會發採訪邀請函給記者，手機簡訊大多用在活動前一天的提醒。

有些政府機關也會透過特定網站來和媒體聯繫，例如桃園縣政府就會透過「桃園新聞網」來發布新聞稿及縣長行程。

平時記者如果需要任何訊息，通常都會打電話給新聞聯絡人詢問，因此新聞聯絡人的手機必須保持隨時暢通。

三、媒體服務

政府機關或大型企業為了能有多一點機會和媒體建立關係，通常會設立記者室，提供記者專用電話、ADSL、無線上網設備、傳真機及影印機等基本設施，讓記者願意留在該單位寫稿跟發稿。

四、掌握記者的需求

媒體記者的主要工作是採訪新聞，他們在與公關人員互動時，主要也是基於工作上的需要，希望能從公關人員那裡得到具有新聞性的訊息。因此，公關人員發布新聞時，一定要掌握新聞重點，多和記者講一些能成為新聞的訊息。有的公關人員在通知記者採訪時，講半天講不到新聞重點，當然會大幅降低記者參加活動的意願。

此外，組織若要召開記者會，一定要盡量讓記者會的內容呈現足夠的新聞點，同時資料要準備齊全，若任意召開內容乏善可陳的記者會，即使記者到場，也不會將記者會內容寫成新聞，甚至被記者認為浪費時間，日後若要再邀記者採訪，可能就會非常困難。

五、熟悉媒體記者的工作流程

媒體記者既要蒐集新聞資訊，又要在截稿時間內將得來的消息編寫成新聞報導，每天幾乎都在與時間賽跑的過程中度過，所以公關人員在與媒體記者聯繫時，一定要熟悉媒體的工作流程，以免在不適當的時間打擾到他們工作，譬如有的公關在早上叫日報記者起床、或是在快截稿前講一些無關緊要的問題，都會非常不受記者歡迎。

不同屬性的媒體記者工作流程不太相同，分述如下：

（一）電視記者

對電視記者來說，午間新聞跟晚間新聞是兩個最主要的新聞時段（prime time），所以他們通常早上十一點要開始剪接中午的新聞，然後下午五點要處理六、七點重點時段的晚間新聞，這些時間是他們最忙的時候，所以如果是不緊急的新聞聯繫，盡量避開這個時段，可以選擇在晚間新聞播出後再開始與記者聯繫。若遇到重要的大事，電視台則會派記者到現場用連線的方式（Live）處理新聞，或是在每小時的整點新聞中即時插播此新聞。

記者每天都會開稿單給長官，長官再根據每位記者的稿單內容來決定記者要去採訪哪些新聞，通常上午的新聞稿單會在前一天晚上開，當天晚間新聞的稿單則在中午開，所以公關人員若能盡量在前一天晚上就告知記者隔天記者會的相關內容，比較方便電視台調派人力。

（二）報社記者

通常日報記者每天三至五點左右要繳交當天的稿單（各家報社不同），有的報社甚至會要求記者在中午以前先報一次稿。記者晚上六、七點開始寫稿，九點到十點半這段時間截稿，一天的其他時間則用來採訪；晚報記者的截稿時間為每日的中午以前，他們有時候會在前一天晚上預寫第二天的新聞，因此如果第二天早上要開記者會，且記者會的資料較多且複雜，公關人員可以在前一天將完整資料先給晚報記者參考，讓他們可以有更充分的時間準備這篇稿子，有利組織訊息在晚報露出。不過，公關人員要請晚報記者千萬不能將資料給日報記者，以免第二天日報也刊登出來，那記者會也不用開了。

報社的立場其實希望記者掌握消息的速度要越快越好，因為如果這個新聞是具有發展性的，那報社可以要求多組記者配合把新聞做大，因此，公關人員在發布新聞時，應掌握速度及時效。

（三）廣播、通訊社、網路記者

這類媒體的共同特性就是沒有特定的截稿時間，隨時都在發新聞。以廣播來說，由於許多廣播電台都是在整點報新聞，一有新聞事件發生，廣播記者就會立刻採訪及現場剪接新聞，然後傳回電台播出；通訊社發出的稿子是許多其他媒體的參考來源，因此每篇稿子的截稿期限最為緊迫，記者傳回稿子後，編輯修改後隨即在網站上更新內容。記者平時處理完新聞事件後，若時間允許才會考慮是否做新聞專題；原生新聞網站記者處理新聞的速度也很快，由於網站可以容納新聞的空間較大，公關單位發出的新聞被採用的機會也較多。

（四）雜誌記者

雜誌記者蒐集訊息及寫稿的準備期較長，他們通常不會報導一般日常發生的事情，也不會每場活動都到，而是會以比較獨特的角度，在完善地搜集各方訊息之後，用專題的方式深入報導事件背後的內幕。

六、真誠互動

（一）不可說謊

記者非常忌諱公關人員說謊。有的時候公關人員為了吸引記者出席記者會，故意講說某某名人要出席，或是要公布什麼重大訊息，結果記者到場後，發現根本沒這回事，這樣會引起記者的反感；或是記者需要公司的某個消息、而公司不能公佈，這時媒體公關也千萬不能說謊，因為記者可以接受公司不透露消息，但不能接受公司說謊。

記者同業之間有時候很團結，若公關人員說謊被記者們發現，就會被記者列入黑名單，容易被所有媒體抵制。

（二）不要操作不實議題

有的組織為了行銷自己的商品，故意提供假的民調及資料，或是故意找假的被害人來操作不實議題，以為記者不會察覺，但其實媒體記者都很精明，很容易發現資料的破綻，這樣都會降低媒體對組織的信任度，反而容易適得其反。

（三）一視同仁

不論媒體記者資歷深淺，或是記者所屬媒體大小，公關人員都要對他們一視同仁，不能有大小眼的情形，譬如只把消息告訴大媒體，忽略小媒體。媒體記者流動率很高，時常有小媒體的記者跳槽到大媒體，如果在不知覺的情況下得罪了媒體記者，日後就要花加倍的功夫修補關係。

七、培養朋友關係

公關人員要用交朋友的態度去和記者互動，不要每次只在新聞發布的時候才跟記者聯絡，例如平常可以舉辦一些聯誼性質的聚會，請記者吃飯、唱 KTV 等。同時，記者本身對於所屬領域消息非常清楚，公關人員沒事也可以多跟記者請教問題，增加聊天的機會；或是在記者會舉辦之前詢問記者意見，看如何能夠滿足記者需求。

同時，公關人員要讓記者覺得自己是一個有很多新聞訊息的人，除了為自己的組織做宣傳之外，也可以提供一些別人的八卦。在日常生活中看到什麼可以發展成新聞的事件，都可以主動告知記者，譬如爆料一些消費糾紛，多提供記者各方面新聞題材，這樣記者日後才比較會主動和自己聯絡詢問新聞訊息。

八、給予獨家消息

台灣媒體競爭激烈，新聞記者背負著跑獨家新聞的壓力，公關人員偶而給媒體一些獨家消息，也是拉進彼此距離的方法。但是要特別注意的是，給予獨家消息很容易引起其他媒體的反彈，所以操作要非常小心，最好向外界表明說那個獨家消息是記者自己挖到的，非公關人員主動發布，以免裡外不是人。

九、適時給予協助

記者在採訪上如遇到一些阻礙，公關人員可以主動給予協助，譬如幫忙尋找採訪對象、協助蒐集資訊等。2005 年底三合一選舉時，一位電視台國會組記者下鄉做選舉簽賭的新聞，剛開始面臨找不到組頭訪問的問題，後來一個鄉鎮市長候選人競選總部協助這名記者找到了受訪的組頭，完成了這則新聞的採訪，而電視台也投桃報李為這名候選人製作了「長的像某位女藝人」的新聞，讓地方選舉搶佔了全國版面，為這名候選人知名度提升不少。

十、其他培養媒體關係之禁忌

（一）不要在活動隔天打電話問記者為何自己的新聞沒露出

媒體新聞的產製有一定的流程，記者也無法控制自己採訪的新聞最後能不能在媒體露出。若是因自己活動辦的不夠好才沒被報導，事後還去質問記者，就會被媒體認為搞不清楚狀況，容易引起反感。如果真的想知道，也應以學習的心態去請教記者，請記者指點下次活動該如何設計才容易上媒體版面。

（二）不要越級上報打記者的小報告

有些政治人物或是企業高階主管因為認識媒體高層，所以當不滿意記者報導時，就跳過跟記者溝通的階段，直接和記者的長官抱怨，這樣也容易破壞和基層記者之間的關係。

（三）不要針對新聞標題向記者抗議

有時媒體會出現新聞標題和新聞內容不符的情形，例如新聞本文還算持平，但新聞標題卻對組織不利，這時，公關人員不要氣急敗壞地向主跑的記者抗議，因為下標題的人跟採訪記者是不同人，抗議也沒用，但可婉轉的請記者代為轉達意見。

（四）甲的新聞不要洩漏給乙

除了公關人員發布訊息給記者外，記者自己平時也會主動寫一些獨家新聞專題。若甲記者為了寫新聞專題，向公關人員訊問資訊，結果公關人員發現這是一個好題材，為了讓組織多曝光，公關人員把這題材洩漏給乙記者，第二天媒體登出來，甲乙都寫了一樣的新聞專題，甲就會發現自己用心找的題材被公關人員洩漏，一定會破壞彼此的關係。

第十一章　選舉行銷

壹、選舉與媒體

選舉是民主社會最主要的活動之一，經由選舉的勝利，政黨或政治人物才能取得政治權力的正當性，掌握政治資源，因此，每位候選人無不在選舉期間使出渾身解數，投入大量的時間與精力，希望能獲得選民的青睞，以在開票當天擊敗對手，達到當選的目的。

在大眾媒體如此發達的今日，選舉方式已和過去漸漸有所不同。傳統選舉方式較重視候選人的基層實力，強調候選人要走入基層勤於綁樁拜票，努力經營派系。而現在的選戰則強調媒體行銷的重要，出現越來越多所謂形象牌的政治人物。每到選舉期間，都可以看到各候選人想盡辦法想要搶佔媒體版面，犧牲拜票時間，不斷召開記者招待會或舉辦抗議活動，利用大眾媒體向選民訴求理念，希望藉由大眾媒體的報導，提升自己的知名度及民眾的接受度。同時，在總統、縣市長等較大型的選舉當中，候選人不可能跑遍選區內的各個角落，大多數的選民必須透過媒體所提供的資訊來決定投票的對象。

此外，新聞媒體在選舉當中對選舉議題的形成有重大的影響力，並且可以影響選民對議題的認知，達到教育選民的功能。新聞媒體也可以影響大眾對候選人的觀感，無論是塑造形象、陳述理念或是攻擊對手，只要能在新聞上出現有利於候選人的報導，不僅是免費的宣傳，其效果往往比候選人自己花錢登廣告還來的有效。因此，候選人在選舉過程當中如能有效攻佔新聞媒體版面，使媒體報導對己方較有利的內容，將可大大有助於選舉的勝利。

由於新聞媒體在選戰過程中所扮演的角色已越來越為重要，因此，可以說今日的選舉活動，就是候選人、新聞媒介、及選民三者間互動的一個過程（金溥聰，1997），政黨及候選人應該學習如何和媒體相處，懂得運用媒體資源，替自己增取最大的利益。

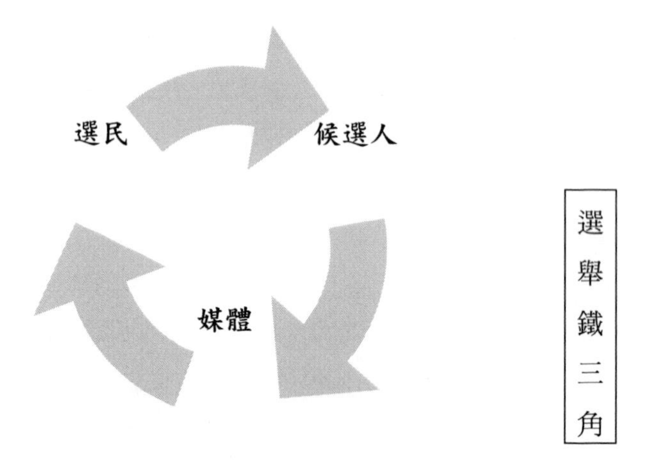

選舉鐵三角

貳、選舉行銷

所謂的選舉行銷，其實就是將商業上之行銷概念引用至選舉活動上，把選民投票給候選人的行為，看成是消費者購買商品。在這個概念下，候選人就是商品，選民即為消費者。至於商品、價錢、通路、推廣（4P）等行銷要素，在選舉行銷過程中也一個不少：

商品：就是候選人。候選人所屬政黨，可被視為候選人的品牌。政黨支持者多，代表這個品牌受到市場的認同度高，而它所推出的商品也不會差到哪裡去。當然，候選人也必須要有自己的形象，亦即給選民的印象，這個形象可以根據候選人的學歷、經歷、年齡及專長，透過包裝而成，並且跟市場上的其他候選人做個區隔。例如，一個高學歷的年輕人，即可包裝定位成優質的新世代，讓選民有個一目瞭然的第一印象。

價錢：一般商品都一定有個價錢，代表消費者願意花多少錢購買它，價錢越貴，這項商品在消費者心中的價值越高。而在選戰中，候選人的價錢，就代表他在選民心中的價值有多高。雖然每個選民都只有一張選票，但是如果選民認為這個候選人很有價值的話，很可能主動去幫他拉票，甚至去當這名候選人的義工，希望能幫他拉幾百票，那麼，這個候選人在這名選民心目中就不只一張選票的價值了。

在總統大選中，很多海外的選民會為了支持某候選人，買幾萬塊的機票回國投票，我們也可以說，這名候選人的價值在這選民心中大於好幾萬元。

通路：通路就是指商品和消費的接觸介面，在選戰過程中，候選人也會在各地設立競選總部，以幫助選民接觸及認識候選人。候選人每天會安排密密麻麻的拜票行程，透過各種通路去接觸選民，例如一大早去公園或菜市場和民眾握手、出席各種工商團體的活動、組織後援會及參加造勢晚會等等。

推廣：因為候選人無法接觸到每個選民，所以必須運用廣告、公關及人際傳播等各種行銷工具，建立自己在選民心中的知名度及好感度。常見的競選廣告媒介包括電視廣告、報紙廣告、公車廣告、網路廣告、印刷品及戶外看板廣告；常見的公關策略則包括召開記者會、發布新聞稿、接受專訪、抗議對手及舉辦造勢活動等。至於人際傳播方面，候選人可透過公眾人物、義工及各界意見領袖幫忙推薦拉票。

此外，政黨或候選人應努力運用行銷策略，想辦法讓選民接受候選人。以下就幾個選舉行銷流程做一簡單介紹：

一、消費者行為研究（選民研究）

此階段在分析選民投票決策因素，亦即探討選民會根據哪些因素把票投給候選人。一般說來，選民決定投票對象，會受到政黨、候選人個人特質以及候選人所提出的政見（議題）三個因素的影響。

（一）政黨因素

有的選民在投票時，只看政黨，不看個人，只要是某特定政黨推薦的候選人，不管是誰，他都一定支持，那政黨認同就是這個選民投票的唯一考量。政黨就像一個品牌，在台灣的選戰中，政黨認同是很重要的投票因素，尤其是越高層級的選舉，因為政黨因素投票的人就越多，所以無黨籍候選人在總統、立委及縣市長選舉很難勝選。過去有的政治人物原本聲望很高，但是脫黨參選後，得票非常難看，這就是因為政黨還是大多數選民投票的依據。

因認同某政黨而投票給該政黨推薦的候選人的選民，稱為此政黨的基本盤。沒有特定政黨認同的人，稱為中間選民。政黨可以根據過去的選舉經驗，大致算出自己在各個選區的基本盤為多少。以台灣來說，在北部地區某些縣市，藍軍的基本盤大於綠軍；在南部的某些縣市，綠軍的基本盤則大於藍軍。

（二）候選人個人特質

選民若沒有特別支持某個政黨，投票時只管候選人的形象、操守及能力，而不管他是哪個政黨，那候選人個人特質就是影響這個選民投票的最大因素。在台灣，還是有一部分選民投票是只看候選人個人特質的，例如我們從一些選舉民調可以發現，在某個特定選區，藍軍推甲候選人跟綠軍的候選人競選的話，民調落後，但推乙候選人時，民調就變領先，所以可以看的出，候選人是誰還是會影響選民的選擇。

（三）政見（議題）

在選戰中，候選人所提出的政見及議題也會影響選民的投票傾向。例如，某候選人提出了兩岸大三通的主張，有個選民雖不認同這個候選人的政黨，但非常希望兩岸能大三通，所以把票投給了這個候選人，那政見就是影響他這次投票的因素。

綜上所述，在選舉的市場當中，最多選民是根據政黨傾向來決定支持的對象，其次才是候選人個人特質與政見。

二、文宣的 STP 分析：市場區隔、目標市場選擇、商品定位

在資源有限的情況下，決定競選文宣策略及商品定位之前，首先要先確定文宣的目標對象、考慮是不是要對每個人都進行文宣的攻勢，再決定要攻什麼重點及打什麼議題。競選總部必須要先決定出目標選民，再定出文宣策略。

選戰中的市場區隔、目標市場選擇與商品定位，會根據選舉制度而有所不同。以下依個別選舉制度來介紹競選行銷的 STP 策略分析：

（一）單一選區制

單一選區的選舉制度，是指一個選區只選出一個當選者。例如總統大選就是單一選區制，選區是整個中華民國，只選出一位總統當選人；縣市長及鄉鎮市長也是單一選區，例如不管選區是在台北縣、桃園縣、或是雲林市，都只選出一位首長。至於立法委員的選舉，從第七屆開始也改成單一選區制，例如台北市被畫成八個選區，每個選區都只選出一位立法委員。

在單一選區制的選舉當中，通常政黨都只會派出一位候選人，每位候選人要努力獲得選區內半數以上的選民支持才能當選。以台

灣的總統大選來說，目前藍跟綠的基本盤都沒有超過一半，所以任何總統候選人想要當選，除了要鞏固自己的基本盤之外，也要吸引中間選民及對方政黨支持者的支持。

以 2004 年總統大選連宋競選總部為例，在決定文宣策略之前，總部先根據民意調查，將選民分為深藍、中藍、淺藍、無政黨傾向、淺綠、中綠及深綠等七個區塊（市場區隔）。由於深藍、中藍的選民較不易被對手拉走，深綠、中綠的選民不易被連宋攻進，因此，連宋總部選擇淺藍到淺綠的這些選民做為主要進行文宣的對象（市場選擇）。

連宋總部經由民調交叉比對出這類選民的年齡、性別、地域、學歷及族群屬性，發現淺藍到淺綠政黨傾向的選民大多為四十歲以上的女性，並且為國中以下教育程度、住中南部的閩南人，這類的選民人數大約一百萬人，最容易改變政黨的投票傾向。連宋全國競選總部文宣部主任蔡正元曾表示，總部不針對所有的選民進行文宣，還半開玩笑說，「我們這裡的文宣就不理外省人」。民進黨也覺得外省人票比較不好攻，所以民進黨就攻客家人，跟連宋設想的角度是一樣的。（葉元之，2004）

連宋競選總部選擇上述這群四十歲以上閩南籍女性做為文宣的對象，針對這類選民做了很多電視廣告，電視廣告大多以閩南語發音為主，譬如連宋競選總部推出電視廣告「媽媽篇」系列，透過台灣母親的心情告白，呼籲執政當局站在女性的立場，將心比心，實踐全天下的母親都想好好過四年好日子的心願。另外，像競選歌曲及造勢晚會的風格也都走類似的路線（商品定位）。

（二）複數選區制

相對於單一選區制，複數選區制是指一個選區不只選出一位當選者。縣市議員選舉及鄉鎮市民代表選舉就是複數選區制，例如以台北市大安文山區來說，市議員選舉總共選出超過 10 位的市議員。

在複數選區的選舉中，候選人不需取得過半的選民支持，僅需取得特定一部分選民支持即可當選。由於一個政黨會提名多個候選人，而政黨的基本盤往往足夠讓好幾個候選人當選，對候選人來說，去抓政黨基本盤的選民是最輕鬆的得票方式，每個同黨候選人通常都以基本盤選民為目標選民，所以複數選區往往造成同黨候選人相殘的局面。

因此，在複數選區的選舉中，候選人會以政黨認同做為市場區隔的變數，然後選擇同黨的支持者做為目標選民，例如藍軍的候選人在做文宣時，會優先考量藍軍支持者的背景及所偏好的政見或議題，進而推出較能被支持者接受的文宣。

此外，在複數選區中，政黨支持者會希望同黨候選人的得票平均，每一個都當選，不要因為有某候選人得票太高，導致另一個同黨候選人得票太低而落選。所以，候選人往往會放出耳語，說某某人得票太高，請轉而支持另一位候選人，讓同黨的候選人全上。

操作民調也是爭取自己政黨支持者選票的一種方式。選戰就像一場競賽，選民會想知道自己支持的對象在每個階段的排名狀況，因此，民調就成了選戰過程中滿足選民了解各候選人名次高下的方法。有的候選人會把媒體做的民調拿來當成文宣，喊出告急或試圖操作棄保效應，使得民調結果比政見更能影響選民的投票意向，成為選舉中的一個很不健康的現象。

台灣候選人的選舉策略一向是「前期塑造形象、中期攻擊他人、後期喊搶救」，在候選人越多的選區當中，塑造形象、攻擊他人都只是基本功，目的只是為了維持候選人的基本聲勢，其實最後決定候選人能不能當選的因素，主要是「搶救」喊得好不好，操作民調成不成功，所以候選人不管民調高低都有一套喊搶救的方法，而且喊搶救的時間出現得越來越早。民調高者，會強調自己上屆選舉投票前民調也很高，但因為支持者自動配票的結果，所以投票結果並不理想，呼籲支持者不要跑票；民調在當選邊緣者，搶救喊得更有說服力，有候選人把各大媒體民調整理成一份文宣，強調自己正在邊緣「力拚最後一席」，要求民眾搶救；也有候選人根據民調打壓同黨支持度暫居落後的同志，放出耳語說某某某選不上了，應把票有效的投給他，企圖操作棄保效應。民調數據，在某些複數選區制的候選人文宣中出現的次數，比政績和政見還多。

然而在媒體公佈的民調當中，常常因為未表態的選民比率過重，導致許多候選人的支持度差距都在誤差範圍內，在統計學上根本是無效的。許多候選人在製作文宣時，故意隱略這部分，利用無效的民調拉抬選情。候選人拿民調當文宣操作棄保效應的現象到投票前會越來越嚴重，候選人特質及政見也會埋沒在「一堆民調」當中。

參、選舉行銷與商業行銷之不同

雖然選舉行銷和商業行銷一樣，都有行銷四 P 要素，也都需要經過行銷策略分析來訂出文宣策略，不過，兩者之間還是存在些許的差異，例如商品行銷並未有明顯的截止日，而選舉行銷有一固定的截止日，亦即投票日；商品行銷可採商品試用的方式來促銷，而競選活動中的候選人則無法試用，不能讓他先做做看，再決定要不要讓他繼續做下去。

選舉行銷和商業行銷最大的不同，在於商品行銷的策略中，必須一直強調商品本身的優勢，藉此吸引消費者的購買，而在選舉行銷的策略中，候選人要吸引選民投票給他，往往無需證明自己很好，只要證明對手很差即可。所以有人說，選舉就是從數個爛蘋果中，選出比較不爛的。

這就可以說明為什麼每次總統大選中，總是可以看到很多彼此罵來罵去的話題，甚至可以挖出對手及家人幾十年前的陳年往事來攻擊，候選人寧可花時間去蒐集這些資料，卻不願意把握競選的這段期間提出政見，讓選民做理性的選擇。

第十二章　競選新聞發布與公關實例

壹、新聞媒介在競選活動中的可操作性

選舉是影響國家社會最重要的一項活動，其結果牽涉到政權的歸屬，其過程中又動員大量的社會資源，所以一直是民眾關心的焦點，也因為如此，每到選舉期間，媒體都會騰出大量版面報導選戰新聞。在強烈的新聞需求之下，記者就會特別仰賴候選人或其競選總部提供選戰消息，舉凡候選人或競選總部在選戰過程中所發生的大小事情，都可能是記者報導選戰新聞的材料。

然而，媒體記者不可能全靠本身的力量挖掘所有的新聞，很多新聞其實是由想爭取媒體曝光的一方所「製造」出來的。有的媒體在選戰期間固定派記者每天盯各候選人的行程，就是想從這些行程當中挖出一些獨家消息。而候選人能不能得到免費的新聞報導，也取決於他或他的競選幕僚有沒有足夠的能力製造出媒體喜愛的新聞。當然，製造新聞的能力是可以學習的，其中最重要的部分，就是候選人必須清楚了解媒體對新聞產製的需求與運作常規，懂得如何和媒體記者打交道。

選舉層級越高、規模越大，媒體記者就越依賴候選人提供消息。在層級最高的總統大選中，新聞媒體通常大量引用候選人陣營

作為消息來源（金溥聰 1997），競選總部若能有效掌握新聞發布的技巧與策略，確實能影響新聞媒體報導的內容。

職是之故，在現今的選舉過程當中，候選人或競選總部通常會設立新聞發布單位，企圖影響媒體報導有利己方的新聞。在總統大選或縣市長選舉等較大規模的選舉中，競選總部通常會將處理新聞發布的單位特別獨立出來，專職負責每日的新聞議題設定、媒體聯繫、及新聞稿的撰寫與發放等工作，藉由採取資訊津貼及製造「假事件」等方式，給予記者採訪上的方便，降低記者採訪上的成本，以增加媒體曝光的機會。而在中央及地方民意代表等較小規模的選舉中，競選總部亦會有專門的新聞聯絡人來負責相關業務。

貳、競選新聞發布內容分析

一、新聞議題與新聞價值

（一）新聞議題

在總統大選或縣市長選舉等較大型的選舉中，若想要獲得媒體報導，就必須成功的操作選舉議題。候選人即使不能操作議題，也要順著議題的潮流及新聞走向包裝政見。

新聞媒體版面是雙方候選人競爭議題的場域。競選總部所拋出的議題會不會成為媒體焦點，要看對手是不是拋出更強的議題。候選人的議題也必須和新聞媒體自行設定的議題競爭，新聞媒體有可能大幅報導自己有興趣的新聞事件，而不理會候選人所設定的議題。因此，候選人主動抛出的議題會不會成為新聞議題，通常自己不能決定，還要看對手的議題是不是更吸引人，以及是不是還有其他新聞事件更吸引媒體的注意。候選人操作議題的技巧如下：

1、抛出議題應有步驟

每階段要凸顯不同的議題重點，可先抛出模糊口號，引起媒體注意之後，再慢慢抛出相關議題的不同具體內容，延長議題被討論的時間。

2、利用不同媒體的特性炒作議題

競選總部可以按照媒體的不同特性來操縱媒體，譬如前一天將完整的訊息告知平面媒體，讓平面媒體大幅報導，第二天電子媒體就會追這條新聞。

3、迅速反應

基於媒體平衡報導的特性，競選總部反應議題的速度應該要越快越好。

4、避免對手設定的議題持續發酵

如果不想讓對手抛出的議題在媒體上發酵，競選總部應避免在這個議題上和對手引發衝突，因為有衝突就會讓這個話題持續被討論。

5、配合文宣戰

如果拋出一個不錯的議題，可針對這些議題推出一系列文宣，讓議題持續擴展發酵。

（二）新聞價值

半數教科書較有共識的新聞價值有 6 項，為及時性、鄰近性、顯著性、人情趣味性、衝突性及以結果或可能的結果（Eberhard1982；轉引自蘇蘅 1995）。茲以選舉為例說明如下：

1、及時性

越新的資訊越有新聞價值，譬如揭發對手從未曝光過的違法事績或預告即將舉辦的造勢活動等等。

2、鄰近性

議題內容在地理上或心理上越接近選民，則越具有新聞價值，因此候選人要特別強調選戰議題與選民之關聯性。

3、顯著性

事件中若包含為大眾所知的人名或地名，較容易被媒體報導。例如候選人邀請哪些名人站台，或拜訪哪些名人。

4、人情趣味

候選人為吸引選民注意所做之不尋常舉動，例如有立委候選人打扮成哈利波特拜票，或是在選舉登記時剃光頭展現決心等。

5、衝突性

候選人或競選團隊間意見之衝突或肢體的衝突。例如 2004 年底立委選舉，有兩位分屬藍綠陣營的候選人為了搏版面，特別選在同一時間在相鄰處舉行競選總部成立大會，故意製造可能的衝突機會，果然吸引媒體的大幅報導；另外，也有藍軍候選人每日向記者打聽綠軍天王會到何處陪候選人掃街拜票，然後再故意製造「巧遇」機會，企圖引發衝突而搶佔新聞版面。

6、結果或可能的結果

媒體非常關心選舉或人事可能的結果，許多競選總部會透過公布選舉民調數據來吸引媒體報導，或操作副手及競選人事議題。

二、新聞主題

鄭自隆（1997）認為，競選公關新聞的發布除了應富新聞價值及符合新聞寫作的要求等兩項其本原則外，還須考慮主題類型的展現。

（一）新聞主題類型

競選新聞的主題類型包括塑造形象、陳述政見、攻擊對手、反駁澄清、支持當選、活動預告等。

1、塑造形象

強調候選人擁有清廉、能力、氣魄、熱心服務、刻苦努力、學識等正面特質，以及用響亮的口號、標幟等，企圖贏得選民好感拉抬選情。

2、陳述政見

候選人提出治國政策、選舉期間堅持的理念、或過往費心費力爭取的經費補助、工程、法案等，例如改善法規、爭取經費、計畫、法案、政見、議題等。

3、攻擊他人

直接點名或影射對手人格特質，行事風格，或過往的紀錄不良，或抨擊對手所屬政黨作為缺失，政府不當政策，以破壞對手的選情聲勢。

4、反駁澄清

針對外界或對手的指控、謠傳、流言及議題事由，加以反駁、澄清、解釋，清楚說明候選人立場、品德，期待還原真相，避免造成選民誤解。

5、支持當選

候選人或輔選人員、支持者公開呼籲、請求賜票、當選的言論，不論用詞是送進總統府、牽成等皆是，或以反賄選、公佈民調、選情告急、凝聚、團結、固票、催票的訴求亦屬之。

6、活動預告

競選總部預告大型造勢活動舉行的時間、地點、方式等。

（二）新聞主題對記者新聞處理的影響

葉元之（2004）研究台灣 2004 年總統大選發現，媒體記者對各類新聞主題的偏好不盡相同，有的記者較喜歡陳述政見的新聞，有的喜歡攻擊對手及反駁對手的新聞，也有記者較喜歡處理與候選人形象有關之軟性新聞。然而，因為台灣近幾年的重大選舉均是負面文宣掛帥，在這種形式的選戰當中，陳述政見式的新聞能見度較不高，而攻擊對手及反駁對手的新聞較容易獲得大幅報導。

陳憶寧研究台灣兩千年總統大選最後的十個月競選期間新聞報導也發現，不論是就報紙所呈現的總體攻擊量，還是三位主要候選人的個別攻擊量，進行皮爾森相關分析後，都顯示隨著時間逼近，攻擊的報導量愈多，且均達顯著相關。（陳憶寧 2003）

新聞主題與新聞處理之關係如下（葉元之 2004）：

1、陳述政見新聞難處理

選舉政策和選舉主張會對台灣的未來產生比較大的影響力，但是政策很難包裝，對選民來講很難像負面文宣那樣有吸引力，如果競選對手一直主打負面議題，而且議題進展的速度非常快，這樣就會拖住新聞媒體的注意力，使得沒有足夠的媒體篇幅讓政策辯論。

由於政見內容太過複雜，媒體難以講的清楚，選民也很難消化，因此，若候選人欲向媒體陳述政見，應創造簡單的口號，讓媒體及選民容易了解，千萬不能一下丟太複雜的東西出來，這樣會讓媒體看不懂。另外，發布政策時，也不應把整本政策白皮書丟給記者，應先幫記者把重要的東西抽出來，作為一個引導新聞的線頭，再把其他重要的政策細節帶出來。

2、攻擊對手及反駁對手容易獲得大篇幅報導

對記者來說，攻擊對手及反駁對手的新聞比較好處理，觀眾也容易消化。通常只要一方提出很具體的指控，讓外界看起來幾乎是事實，那媒體一定會花很大的篇幅引述攻擊者的說法，並且讓被攻擊者反駁，所以可以得到大篇幅的報導。

雖然攻擊對手跟反駁對手對媒體來說比較容易處理，但媒體還是會多方求證攻擊者所提出來的事證及內容，因此競選總部在攻擊或反駁對手時證據要準備充足，如果被媒體發現競選總部提出的資料有誤，反而會遭到媒體的修理。

參、選戰期間媒體關係經營

一、蒐集媒體名單

由於選舉是短暫的活動，跑選舉的記者大多是臨時被賦予任務，因此媒體名單通常會在選戰開打前不久才會確定，有些甚至在選戰當中也會有所更換。不過，媒體指派記者還是有跡可循，通常

主跑總統大選候選人的記者，會以主跑各政黨、或與候選人原本就有互動的黨政記者為主；跑立委候選人的記者，在電視台方面，會以國會記者為主，報紙方面，則以地方記者為主；跑地方縣市長或議員候選人的記者，初期會以各縣市的地方記者為主，等到選戰到後期較為激烈時，全國版的記者也會下鄉支援，讓一些選戰議題變成全國議題。

二、新聞聯繫管道建立

在選戰期間，競選總部經常會有與媒體聯繫的機會，譬如通知記者採訪候選人舉辦之記者會及活動、或提供記者候選人每日的行程。隨著選戰的日益激烈，記者會經常是一場接著一場開，若每場活動都要用電話一一聯繫記者，將非常耗時且不利爭取最佳發言時機，因此，現在競選總部大部分都用手機簡訊聯繫記者，將採訪通知發到媒體記者的手機當中，或是用簡訊發布候選人每日的行程。

三、媒體服務

為了讓記者願意給競選總部多一點報導，競選總部會盡量給予記者採訪上的方便。若空間允許，許多競選總部內部都會設置召開記者會時使用的舞台，然後在旁邊隔出記者發稿區，幫記者架設專用電話、ADSL、無線上網設備、傳真機及影印機等基本設施，讓記者能在第一時間撰稿及傳稿。記者如果要隨候選人下鄉採訪，競選公關也可盡量幫忙安排記者的交通及食宿，甚至在造勢場合旁架設發稿所需的網路。平常如果有記者留在競選總部的記者區工作，新聞聯絡人也可貼心提供便當及點心。

在總統大選或是縣市長選舉的開票日當天，候選人的競選總部必然湧入大批的媒體記者，因此競選總部要事先針對開票日當天的媒體採訪細節進行規劃，否則必然亂成一團。諸如像各台 SNG 車的停放及連線位置、記者採訪及發稿區域、攝影機架設、計票系統公布等問題都要事先和媒體協調好，以利媒體當天的採訪。

四、記者會之召開

選戰開打之後，競選總部會經常召開記者會對媒體傳遞訊息，尤其是在總統大選或縣市長選舉等大型選舉中，更可能舉行每日的例行記者會發布新聞，或是在遇到危機時緊急召開記者會回應。

在記者會的召開時機上，若不是非常緊急的事件，應避開記者最忙的時間，若上午舉辦可在十點左右、下午則選擇兩點至四點；此外，週末新聞量較少，也是開記者會不錯的時間。總而言之，競選總部應配合記者的作息選擇記者會的召開時間，以利所發布之新聞被順利報導。

在確定記者會的時間地點後，競選總部應儘早告訴媒體記者會的詳細內容，以利媒體人手的調配。競選總部宜在記者會召開的同時就給媒體記者新聞稿及完整的新聞資料。基於媒體強調真實報導的原則，競選總部若是召開記者會攻擊對手，應盡可能提供足夠的證據。

總統大選競選總部每日均有例行記者會，競選總部在召開記者會前可事先與媒體記者溝通，了解記者當天關心的議題，配合媒體做出回應，以增加競選總部攻佔版面的機會。

五、新聞稿之撰寫及發送

撰寫新聞稿是新聞聯絡人相當重要的一個工作。對日報記者來說，不可能一整天都跟著候選人跑，所以必須要仰賴競選總部的新聞稿來得知競選訊息。競選總部新聞稿發的誘不誘人，會影響到新聞記者對這個議題的關心。如果競選總部有發新聞稿的話，對競選總部的新聞增加曝光度是有幫助的。

競選活動新聞稿大致可分成兩種，一種是在活動或記者會開始前就已經預先寫好的參考新聞稿，在記者到達現場時提供給記者；另一種是新聞聯絡人在活動或記者會舉辦的同時，在會場記錄候選人或發言人的談話內容及現場發生的狀況，然後將這些重點寫成新聞稿，再傳給記者或放在網站上，讓那些沒來參加活動的媒體也能有報導的機會。

針對記者會辦完後所傳給記者的新聞稿而言，一般長度在1000 字以內即可，太長的話重點不易突顯。由於日報記者需要的是候選人或發言人的發言內容，因此新聞稿盡量要以震撼性的發言人直接用語為主，而且要盡量做到精確完整、符合新聞稿的格式。若記者發現發言人的內容很重要或有趣，還會找其他同事搭配把議題做大。同時，競選總部應以用最快的時間將新聞稿發出，最好能使用電子郵件或放在官方網站的方式傳送新聞稿，以利記者直接在電腦上作業。發完新聞稿後，競選總部還要發簡訊通知記者，讓記者知道稿子已發出，以掌握時效。

肆、實例運用

由於選舉媒體公關的運用手法會因不同層級的選舉而有所不同，因此本節取總統大選及立委選舉中各一競選總部實例介紹之。

一、案例：2004 年總統大選連宋全國競選總部

2004 年所進行的總統大選，乃中華民國有史以來的第三次總統直選，共有民進黨的陳水扁及呂秀蓮，及國親聯盟的連戰與宋楚瑜兩組候選人參與選舉。3 月 20 日開票結果，陳呂以 647 萬 1970 票擊敗連宋的 644 萬 2452 票，原本民調一直趨於領先地位的連宋因些微差距輸了選戰。總統大選中競選組織龐大，選舉議題受到媒體高度關注，茲舉連宋競選總部組織、議題操作及媒體關係做為實例分析。

（一）競選公關組織設計

1、新聞訊息傳播者

連宋全國競選總部中負責面對媒體傳達訊息的人包括候選人、發言人、競選幹部、及緊急應變小組（國親立委），基本上是以總統候選人發言為主，發言人為輔；另外，緊急應變小組搭配競選幹部針對特定選舉策略作特定的發言。

候選人通常是在外參加選舉活動時向記者傳達訊息，因此為了搶佔媒體版面，候選人發言會經過特別的設計；發言人是針對新聞媒體需要而特別設計的職務，主要任務就是舉行例行記者會，搶佔每日的媒體版面；緊急應變小組和發言人在選舉時互相搭配，也是在競選總部召開例行記者會向媒體傳達訊息；競選幹部平常很忙，只有在宣布重大政策（譬如募兵制、縣市合併升格），或重要活動（例如 228 千萬人心連心、313 換總統救台灣）時，才會到競選總部召開記者會。

2、新聞發布決策機制

任何新聞發布的動作，背後都有一個決策體系，而這決策體系的好壞自然也影響到新聞發布的順利與否。連宋競選總部有四個新聞發布決策機制，分別是候選人辦公室、競選總部、文傳會系統、及立法院系統，彼此較缺乏橫向聯繫與整合。

3、專職的新聞發布單位及新聞聯絡人

為爭取媒體曝光機會，連宋競選總部特別在文宣部底下設置新聞組，內設新聞聯絡人若干名，專任新聞聯繫工作。新聞聯絡人主要工作包括新聞聯繫、新聞稿的產製與發送、及新聞服務工作。新聞聯絡人需具有媒體的專業背景才有助於工作的進行，因此連宋競選總部推派擔任新聞聯絡人者大多具有媒體背景。

為了降低記者採訪的成本，給予記者寫稿的方便，連宋競選總部每日均傳送大量新聞稿都給記者，在競選期間共發了 350 篇。競選總部是採取記者會後發稿的方式，也就是待發言人召開完記者會、或是候選人參加活動發表談話後，新聞聯絡人再將新聞訊息傳播者的談話內容寫成新聞稿，以電子郵件方式發給記者，並不會在記者會召開的同時或之前將新聞稿給記者。

（二）新聞議題規劃

在連宋競選總部的議題操作中，候選人連戰的演說是有設定一連串的議題，但除此之外的選戰議題事先並無特別規劃，有點隨機應變；發言人及緊急應變小組每日也會針對不同的新聞議題變化，拋出議題或回應議題，這更是隨機應變，沒有一定的步驟。

1、主動設定之議題

總統大選期間，新聞媒體版面是各方競爭議題的場域，連宋在選舉中主動設定之議題，包括選戰從頭到尾一直強調的經濟及兩岸

議題，及選戰中後期主打的「募兵制」及「大台北合併公投」等政策議題。

(1) 經濟及兩岸議題

連宋競選主軸為「拼經濟、拼和平、救台灣」，可以看出經濟及兩岸為連宋最強調的議題，其中又以經濟議題最為重要，在連宋全國競選總部所發出的 350 篇新聞稿當中，其中有提到「經濟」兩字的共有 159 篇，佔全部新聞稿的四成以上，可見連戰對經濟議題的重視；兩岸議題方面，連戰在選戰中不斷強調兩岸和平的重要性，策略上將民進黨的兩岸政策定位為前後反覆，造成兩岸關係的緊張，唯有連戰才能維持兩岸的和平，在連宋總部發出的 350 篇新聞稿當中，提到「兩岸」的共有 99 篇，接近三成。（葉元之 2004）

(2) 募兵制、大台北縣市合併升格

選戰到了後期，負面文宣掛帥，連宋競選總部試圖提出幾項政策拉出另外的戰場，其中包括「募兵制」及「大台北縣市合併升格」等議題。在連宋競選總部發出的新聞稿中，有關募兵制的共有 25 篇，最早的一篇是 2003 年 12 月 25 日連戰在行憲紀念日晚上針對修憲發表談話，提到要實施募兵制。最後一次則是接近投票日的 3 月 5 日，連宋競選總部安排連戰本人及總幹事馬英九，親自就國親募兵制的實施計劃進行說明；另外，在「大台北縣市合併升格」部分，連宋全國競選總部共發出十六篇和這議題有關的新聞。和募兵制一樣，連戰很早就拋出這個議題，但到了投票日前幾天才提出完整的說帖。（葉元之，2004）

2、被動對外界議題的回應

選戰中連宋總部經常被動回應一些突發事件，例如提出證據回應民進黨對連戰「家產」及「家暴」等問題的攻擊；在陳由豪事件發生後，連宋總部召開記者會攻擊水餃李與總統府的關係及總統夫人吳淑珍介入 SOGO 百貨股權之爭；在陳水扁公佈公投兩個題目後，連戰當時正坐火車前往高雄，當場就向記者批評這兩個公投題目是在玩弄文字遊戲；另外，總統選舉投票日前一天發生震驚國際的槍擊案，雖然這起事件發生後的第二天即為投票日，使這議題並未有足夠的時間發酵，但連宋總部當天也召開三場記者會回應，並取消選前之夜由北到南四場大型造勢晚會活動。

3、新聞事件（event）

連宋競選總部有時會舉辦一些特別的新聞事件來搶佔新聞版面，例如公布競選 CIS（協力車）、競選廣告 CF 公佈記者會、政策白皮書記者會、競選網站公佈記者會及 313 換總統大遊行等各種選舉造勢活動。

（三）媒體關係

由於總統大選的重要性，每家媒體均派出多組記者主跑連宋競選總部的新聞，連戰的活動是由原本跑國民黨的記者主跑、宋楚瑜是由跑親民黨的記者主跑、競選總部記者會則另由黨政組記者支援。由於過去就有長時間的互動，競選公關與媒體記者彼此之間相當熟識。

這次選舉比較特殊之處，就是政治力介入媒體很深，有些主跑連宋競選總部的記者因為認同藍軍的理念，因而被候選人同化，盡量幫候選人寫好話，有的記者還成為連宋競選總部的助選員，私下幫候選人在選戰策略上出主意；還有記者表示即使競選總部發布的新聞沒有新聞性，也會想辦法幫忙包裝，盡量將總部發布的新聞擠上媒體版面。（葉元之，2004）

（四）效果評估

1、競選組織方面

前面提過，連宋全國競選總部共有四種新聞訊息傳播者，基本上新聞訊息傳播者背後應該要有相同的新聞發布決策體系，或者是經過整合與協調的決策體系，但是連宋總部的決策體系並未一條鞭的整合，導致新聞訊息傳播者對媒體的發言出現彼此不符的情況。譬如在陳由豪事件及公投的看法上，競選總部和立法院系統就出現意見不同的情況，然後各自對媒體發言，讓外界感覺連宋總部步調不一。

2、新聞議題方面

葉元之（2004）深度訪談一些主跑連宋新聞的記者時發現，在2004 年總統大選當中，國家認同的議題（譬如愛台灣、制憲）及候選人醜聞的議題（譬如家暴、家產、吃水餃、炒股票）比較受到媒體的青睞。國家認同議題由於可以煽動群眾的情感，而且牽涉到國家未來的走向，在新聞的強度上比較夠，給人的印象也比較深；

候選人醜聞的議題則是因為媒體喜歡大肆報導候選人之間互相攻擊的話題，因此獲得大篇幅的新聞報導。

媒體記者認為，這次大選議題完全被綠軍所主導，民進黨的打法是把新認同都歸功於他，把醜聞都歸咎於別人。而連宋的選戰策略則是企圖讓選民相信他們是比較好的技術官僚，可以把經濟、兩岸關係搞好。不過因為經濟兩岸議題強度不夠，不像民進黨建國議題以訴求情感的方式激化選民，因此當民進黨提出公投制憲或國家正名等議題後，整個選戰就被民進黨拉著走，使得連宋被迫一直跟著民進黨的議題。至於醜聞的部分，因為兩邊你來我往，所以相對打平。（葉元之，2004）

前面提過，經濟跟兩岸關係是連宋的主打議題，但經由葉元之（2004）訪談記者得知，這兩項議題記者並無鮮明印象。在議題建構過程中，新聞能見度扮演了一個重要的角色，而新鮮度是新聞的一項重要元素。受訪記者認為，連戰在選戰中一直到處講拼經濟，講一次也許有新聞性，但是講久了就變空洞，到了後期已無新意，使得後來只要連戰再講經濟，記者們就都不處理，造成連戰拼經濟的內容是什麼、要如何拼經濟，記者本身的印象都不深刻。

媒體記者認為連戰主打的議題中，募兵制及大台北縣市合併升格是比較好的議題，在第二次總統大選辯論後，可以看出連宋競選總部後來試圖在綠軍建構的國家認同及醜聞議題外，提出一些政策主張，跳出綠軍主導的戰場。募兵制因為喊出當兵只要三個月，在媒體上顛覆了以往大家長期的印象。但可惜的是，競選總部並沒有發動一系列的文宣策略去配合，使得這些議題擴散力不夠。

此外，媒體記者認為連宋競選總部有時例行記者會所發布的新聞，不但沒有切合當天媒體的重點，也沒有提出新的東西引導議題，而是發布一些炒冷飯的口水戰新聞，結果就是第一線記者連回報都不回報，直接放棄報導。舉例來說，連宋總部在 2004 年 2 月 27 日曾針對民進黨對邦聯制的說法整理一張圖表（參考下圖），召開記者會批評陳水扁得了「政治失憶症」，但是那是一個獨立事件，跟當天的新聞風向無關，所以被記者們認為沒有新聞價值。（葉元之，2004）

陳水扁先生又得了政治失憶症！

陳水扁：邦聯制有很大討論空間

是誰說過邦聯制有很大的討論空間？

陳水扁	89.04.21	「邦聯制取代兩國論，是具突破性的新思維，有很大的討論空間。」
	90.02.23	「不論是邦聯、聯邦、國協或歐盟模式，都必須依照中華民國憲法。」
呂秀蓮	89.04.21	「邦聯或是其他的說法，都是說明陳水扁的開放性。」
邱義仁	89.04.21	「無論是統是獨、何種模式、甚至邦聯，任何議題都可以討論。」
吳乃仁	79.	「可以接受邦聯制。」
張俊宏	90.01.05	「邦聯制...是可以討論的方向。」
郭正亮	89.01.21	「國協或邦聯制也是民進黨考慮的方向之一。」
陳其邁	90.07.04	「陳水扁的統合論有各種可能狀況，邦聯是方式之一。」
顏錦福	90.07.04	「邦聯制類似特殊兩國論。」

圖：陳水扁得了政治失憶症

資料來源：連宋全國競選總部新聞發布資料

3、媒體關係方面

媒體記者在大選中被候選人同化，在新聞處理上會儘量幫忙，盡量撰寫有利候選人的新聞，但候選人與發言人還是該多和媒體記者互動，這樣候選人的政策在媒體呈現上可以更清楚，而且可以讓記者有機會多寫一些關於候選人的軟性新聞。如果競選總部人員不和媒體記者維持良好的互動，會讓媒體想幫忙都幫不了，譬如當被對手攻擊時，候選人不願意回答，或是發言人手機沒開，都會讓新聞版面呈現失衡。在共生關係當中，如果候選人或發言人實在不配合媒體採訪的需要，媒體記者也會故意唱反調，或者抵制一天競選總部所發布的新聞以示抗議。

二、案例：2004 年立委選舉龐建國競選總部

2004 年立委選舉台北市南區共有三十位候選人角逐十席名額，民進黨提名五人、國民黨提名四人、親民黨提名三人、台聯提名一人，若再加上無黨籍候選人李敖及許信良，此區算是參選爆炸且個個實力雄厚。由於當時選舉制度尚屬複數選區制度，藍綠對決態勢明顯，各陣營紛紛操作棄保及配票議題。立委候選人龐建國當時競選連任，雖後來未能成功，但因其曾擔任 2004 年連宋競選總部新聞組組長，與媒體關係良好，且聘專人擔任新聞聯絡人，於競選期間曝光率高，知名度高達 88.9%（聯合報 2004 年 10 月民調），茲舉龐建國競選總部之媒體公關運用作為本章之案例探討。

（一）新聞事件規劃

立委選舉中個別候選人較難成為新聞的焦點，競選公關必須想一些別出心裁的花招才能搶到新聞版面，以下是龐建國競選總部規劃新聞事件的一些例子，均成功獲得媒體報導：

1、節慶或紀念日

選戰過程中若遇到國慶日、元旦、二二八紀念日等節慶或紀念日，候選人可利用機會舉辦活動吸引媒體報導。龐建國競選公關利用七夕情人節，規劃龐建國妻子在龐建國拜票時忽然出現，帶來鮮花和湯藥為他打氣，營造七夕浪漫氣氛。

2、選舉固定期程

選戰中候選人領表、登記、抽號碼及選戰正式起跑日等固定期程，會受到媒體關注。龐建國在登記時扮打虎英雄；抽到號碼 17 號時，競選青年軍將號碼剃在頭上，並喊出「一起投一七」的口號；選戰正式起跑後，龐建國競選總部即告知記者要用吉普車沿街拜票。

3、一般競選活動

候選人舉辦競選總部成立大會、各地競選服務處開張及募款餐會等一般競選活動，只要稍加設計新聞畫面，也可成為媒體報導的題材。龐建國是在競選總部成立大會時邀請親民黨主席宋楚瑜、桃園縣長朱立倫及名嘴蔡詩萍等名人站台；在成立文山區競選服務處時，推出自己特色的卡通造型繪畫；在募款餐會時邀請宋楚瑜、王金平等天王共同表演強棒出擊。

4、競選花招

媒體喜歡報導立委候選人特殊的競選花招，而龐建國競選公關告知記者龐建國身為科技立委，使用 MSN 與各地樁腳及選民互動，電視台隨即派人採訪報導。

5、特別的拜票方式

在拜票時若有特別的畫面，可以通知媒體前往採訪。例如龐建國特別穿著軍裝到眷村拜票，強調家中父兄都是國軍，站在第一線保衛台灣，自己是最純正的黃埔子弟；而香港有一群學生到台灣觀察選舉，陪龐建國出去掃街，部分媒體也感到興趣；另外龐建國頭綁求救頭巾拜票，也有媒體跟拍。

6、抗議不公

抗議活動在選戰中容易獲得新聞報導，但要師出有名，否則易生反感。龐建國在選戰中也曾因中選會委員邱國昌為立委候選人黃適卓助選一事，赴中選會抗議行政不中立。

7、揭發弊案

龐建國召開「阿扁輔選　全民買單」記者會，質疑總統陳水扁為助選而使用空軍一號專機十八次，耗費成本約九百萬元，卻僅支付國軍不到八萬元，其中還有七次降落時間違規超過晚上十一時，是特權表現。

8、捉對廝殺

龐建國把矛頭指向民進黨的三寶立委，在立法院大吃「三寶飯」，砲轟三寶立委不務正業、天天口出穢言，因此呼籲民眾揚棄這種劣質立委，把票投給問政認真、無論出席率、發言次數、提案件數都名列前茅的龐建國。

9、推出新文宣品

新聞媒體有時會報導候選人推出的文宣內容，因此龐建國競選公關在競選總部推出新的平面文宣時，均會將文宣內容寫成新聞稿傳給記者；而龐建國在拍攝電視廣告時，競選公關也通知電視記者到拍攝地點捕捉創意畫面。

10、名人到訪或陪同拜票

政壇天王陪同候選人拜票或是拜訪候選人競選總部，原是媒體喜歡捕捉的畫面，但到選戰後期太過頻繁，因此候選人若要藉此搏新聞版面，仍要精心設計天王出現的時間、地點及內容。例如馬英九第一次拜訪龐建國競選總部時，龐建國競選團隊對媒體強調馬英九是「第一次跨黨助選」；由於龐建國標榜科技立委，競選總部安排馬英九陪龐建國掃街前，特別用電腦發出四萬封簡訊拜票，突顯科技的進步；另外，馬英九大姊馬以南一次凌晨陪龐建國拜票，雖到場記者不多，但後來龐建國公關也將這次拜票花絮用簡訊發出，也同樣獲得媒體報導。

11、突發事件

候選人可搭配選戰中的一些突發事件來搏版面，例如 2004 年立委選戰時遇到颱風，候選人旗幟全被拔除，龐建國競選公關主動告知記者颱風天過後候選人重新插旗搶地盤，許多媒體因此前來拍攝插旗畫面，增加候選人號次曝光機會。

（二）媒體關係

1、蒐集媒體名單

在選戰開打之初，龐建國競選總部即向新聞媒體蒐集主跑北市南區候選人的記者名單，以便日後新聞聯繫。電視台方面是以國會記者為主，報社記者則是以台北市政記者為主。電視台雖然大多有指派專人主跑各選區的選戰新聞，但因為電視記者機動性較高，經常互相代班支援，所以龐建國競選總部其實在選戰中與整個黨政組記者都有互動；至於報社記者則較為單純，幾乎就是以同一名記者為主，最多就是加一名休假代班記者，新聞聯絡人只要搞清楚報社記者的休假時間，就可以知道何時該與哪位記者聯絡。

2、培養媒體關係

由於電視記者是以國會記者為主，而龐建國時任立委已達兩年多，因此新聞聯絡人和國會記者平常就已經保持良好的關係；而新聞聯絡人之前與市政記者較無接觸，所以為了建立關係，當時就請跑國會的報社記者幫忙邀約市政記者，一起到競選總部喝茶聊天，彼此見面認識，而市政記者為了方便日後跑選戰新聞，也都非常願意到競選總部與競選幹部互動。

3、選戰中之媒體需求

電視台需要的是畫面，每日在傍晚時刻都會要求記者打電話給競選公關詢問候選人隔日的拜票行程，看有沒有值得報導的地方；競選公關為了方便媒體掌握候選人行程，也主動將候選人的隔日行程發簡訊告知每位記者。

平面媒體平日除了會報導一些候選人的動態新聞之外，也會規劃一些選戰專題，例如「選戰重要操盤手」、「候選人競選經費募集及運用方式」、「特殊競選方式」、「候選人的人脈」、「候選人特別罩門」、「競選總部特殊擺設」及「選舉百態」等。龐建國競選總部得知記者需求後，即針對上述專題，提供記者各式各樣的答案，以讓候選人獲得較多的報導。

（三）效果評估

由於龐建國競選總部用心經營媒體關係，因此媒體對龐建國大多都很友善，在新聞報導上也會盡力給予協助。例如，龐建國主動發新聞通知時，有時候媒體人手調度不過來，但仍會盡量派單機到活動現場採訪；另外，即使龐建國沒主動發新聞，但當媒體需要針對某些議題找候選人做回應時，媒體都會主動採訪龐建國，增加他的曝光機會。例如立委候選人沈富雄指控遭警察監視時，媒體記者就是去找龐建國回應是否曾遇到類似的事情。

此外，媒體在選戰過程中，也會建議龐建國競選總部主攻哪些議題以吸引媒體報導。例如前面提到的龐建國揭發總統陳水扁利用空軍一號輔選一事，就是電視台記者建議競選幹部向空軍總部要此資料去揭發，而在龐建國召開記者會後，記者又大幅報導，讓候選人得到曝光。由此可知，候選人與媒體保持良好的關係，對於候選人順利在媒體曝光實在有很大的幫助。

第十三章　數位電視傳播發展與行銷

在所有的大眾傳播媒體之中，電視至今仍是大家的最愛。根據東方線上針對2004年到2007年台灣消費者對各媒體接觸狀況所做的分析研究（如表一），電視在過去幾年一直是消費者接觸率最高的媒體，2007 年高達 96.9%以上的接觸率，遠遠超過網路的 60.6%、報紙的 59.0%、雜誌的 43.2%及廣播的 33.7%。

表一　2004 年-2007 年台灣消費者對各媒體接觸狀況（樣本數 2000 人）

	昨日有看報紙	上期有看雜誌	最近七天內有聽廣播	昨日有收看電視	最近一個月有上網
2004.06-08	59.6	45.9	36.2	97.7	46.6
2005.06-08	57.8	43.8	37.8	96.1	51.3
2006.06-08	55.3	42.9	32.4	95.7	55.9
2007.06-08	59.0	43.2	33.7	96.9	60.6

資料來源：東方線上 2005-2008 年版 E-ICP 東方消費者行銷資料庫

做為一個當代最主流的大眾媒體，在行銷公關的功能上，電視具有強大的宣傳效果，無論是電視廣告、電視新聞、節目置入性行銷或跑馬燈，都可讓產品的畫面或訊息在閱聽人腦海中留下深刻印象，所以電視廣告雖然昂貴，仍然是行銷者的最愛；從事公關者，也都會想盡辦法讓組織或產品搶佔電視版面，獲得免費的報導。

近十年來電視購物盛行，更讓電視從行銷宣傳功能，跨到行銷通路的領域。電視頻道成為賣方與買方交易的平台，業者及購物專家在電視上努力介紹各式產品，而消費者收看時若想購買，就直接打電視上所提供的電話號碼去訂購，產品則寄到消費者指定的地址，如此整合了媒體、金流、物流及資訊等領域，創造了龐大的商機。台灣目前有「東森購物頻道」、「momo 購物頻道」及「Viva 購物台」等全區性的電視購物頻道。

此外，隨著科技的發展，數位電視的出現為廣電事業帶來新的革命，也為行銷帶來創新的手法。在電視數位化後，家中的電視將不只是一台電視，而是成為一個多媒體的家用資訊平台，透過數位電視，觀眾不僅可以收看更多更好的節目，甚至可以獲得即時的交通資訊、進行線上學習、玩線上遊戲、訂 Pizza 、繳交電話費、進行股票交易等。以下介紹視訊產業的發展及傳播新科技對行銷的影響。

壹、視訊傳播產業發展簡介

電視屬於視訊產業，亦即傳遞影音（Video）的產業。傳統視訊媒介除電視外，還包括電影、錄影帶、VCD 及 DVD 等。

電影是最早出現的視訊媒體。1888 年愛迪生（Edison）發明電影攝影機，拍下助理十五秒打噴嚏鏡頭，堪稱最早的電影鏡頭。不過早期的電影多是拍攝風景及海浪等無聲的影片，並無劇情及故事。一直到 1903 年，才誕生了第一部具有完整分段敘事劇情的故事電影「火車大劫案」；而第一部有聲電影則是 1927 年華納兄弟公司的「爵士鼓手」。

一、無線電視（Terrestrial TV）

最早出現的電視訊號傳輸方式，是由電視台端透過電波傳輸訊號，收視戶的電視機則以天線接收，因為是用無線電傳播聲音及影像，所以被稱為無線電視。1935 年，英國廣播公司（B B C）創設了世界上第一家純屬於電視的電視播放公司。到了 1945 年，美國著名的三大電視網 NBC、CBS、ABC 開始成長。

台灣早期只有三家無線電視台，第一家是民國 51 年由台灣省政府所設立的「台灣電視公司」（簡稱台視），第二家是中國國民黨於民國 57 年所成立的「中國電視公司」（簡稱中視），第三家則是由國防部於民國 60 年所創設的「中華電視公司」（簡稱華視）。

由於當時僅有三家電視台，許多熱門節目很容易就創造出超高的收視率，例如布袋戲節目「雲州大儒俠史艷文」，曾創下高達 90％以上的收視率；而第一部引進台灣的港劇「楚留香」，也有 60％以上的收視率，讓劇中的幾個主要演員在台灣成為家喻戶曉的人物。對照已有近百個電視頻道的今日，即使是週末綜藝節目也大多僅有 2％-3％的收視率，最受歡迎的節目也大概是在 10％左右，當時節目的盛況實在令人難以想像。

台灣僅有三家無線電視台的時期總共維持了長達 26 年的時間，當時大家都習慣以「三台」做為所有電視台的代稱。一直到民國 86 年，才由民進黨的政治人物投資成立民視電視公司（簡稱民視），出現第四家無線電視台，也是台灣第一家民營無線電視台，由民進黨立委擔任董事長。

上述各家無線電視台一開始都控制在黨政軍的手上，容易使得媒體受到政治因素的影響，難以保持中立，於是各界要求黨政軍退出媒體的呼聲漸高。民國 92 年底，立法院通過廣播電視法修正案，要求黨政軍退出媒體，規定政府、政黨、其捐助成立之財團法人及其受託人、政黨黨務工作人員、政務人員及選任公職人員不得投資廣播電視事業。此法一通過，使得無線電視台的經營權產生變化。目前台視歸非凡媒體集團，中視原本被賣給中時集團，但現又轉手歸旺旺集團所有，華視則屬公廣集團，民視董事長也改由非政治人物擔任。

台視、中視、華視及民視皆為商業電視台，亦即必須靠廣告收入來維持電視台的經營，因此製播的節目多以大眾化為主。為了要照顧婦女、兒童及原住民等族群，政府特別編列預算成立「公共電視」，讓公視可以在沒有賺錢的壓力下，製播一些多元充實的高品質節目，以教育、益智、環保、文化及藝術領域為主。節目沒有廣告，經費完全來自政府。初期由新聞局設立「公視製播小組」，並無自己的頻道，所製作的第一個節目「大家來讀三字經」在中視頻道託播。一直到民國 87 年，「財團法人公共電視文化事業基金會」才正式成立，公共電視台並於同日開播，成為台灣第五家無線電視台。

二、有線電視（Cable TV）

有線電視是以鋪設纜線（cable）方式傳播影像及聲音供公眾直接收視，它的起源是社區共同天線（Community Antenna TV,

CATV）。1949 年美國因為地理因素，部分地區的無線電視訊號受地形影響，導致電視畫面收視不良，因此有的社區開始在收的到訊號的地方架設共同天線，再利用同軸電線接到用戶家中電視來傳播電視節目。

初期美國有線電視是以轉載無線電視頻道為主，但後來有人開始傳播一些其他的節目，商機慢慢浮現，於是出現了專門的有線電視頻道，例如 1972 年以播放電影為主的 HBO 成立，1980 年則出現 24 小時的新聞頻道 CNN。

台灣有線電視的發展過程也和美國類似。民國 58 年，一名花蓮電器行老闆因為有感於所處地區電視的收訊不好，影響到電視機的銷售量，於是開始架設社區共同天線。民國 62 年，台中出現專門經營有線電視的業者，開始利用錄影設備播放熱門電影、港劇、日本摔角、電視劇、歌廳秀、時代劇甚至色情片等節目，並向訂戶收取月服務費。隨後有線電視快速商業化，到了民國 74 年，全台有線電視業者已多達 80 家。

有線電視出現後，成為台灣觀眾在老三台（台視、中視、華視）之外的另一選擇，因此在當時被稱為「第四台」。由於第四台業者提供的部份節目大多無取得版權，在美國的壓力下，民國 83 年立法院通過「有線廣播電視法」，讓有線電視合法化，也讓有線電視業者有法可管。民國 87 年有線電視開始集團化，和信及東森等集團開始收購各區獨立有線電視系統業者的股權，成為多系統經營者（Multiple System Operator; MSO）。

有線電視的收入來源多元，包括向訂戶收取的月費、付費頻道費用及裝機費，亦即以提供電視節目服務來換取金錢；向有宣傳需求者販賣廣告時段（包括置入性行銷）及提供跑馬燈服務，賺取廣告費；經營電視頻道成購物交易平台，向賣家抽通路費用；出售頻道或時段予人開闢節目（上架費）。

台灣有線電視是採取所謂「吃到飽」的費率，業者提供近 100 個頻道給訂戶收看，每個月向訂戶收取一固定之費用。此費率每年必須接受政府的審查，目前新聞局訂定有線電視月費的上限是 600 元，但各縣市政府還會成立費率審查委員會再進行審查，導致各縣市有線電視費率不一樣的狀況，大多是在 500 元到 600 元之間。

雖然有線電視要額外付費才能收看，但台灣的有線電視成長非常快，普及率高達 80%以上。民國 83 年有線電視法剛通過時，有線電視收視率不到 10%，無線電視跟有線電視的廣告收入為七比三，但到了民國 92 年，有線電視收視率已超過無線電視，達 65%，無線跟有線電視的廣告收入也改為三比七，有大幅的消長。

三、數位電視

傳統電視是採用類比訊號來傳送影音節目，隨著科技的進步，出現採用「數位訊號」來傳送內容的「數位電視」。電視數位化的工作包括電視台傳輸設備（頭端）必須數位化、傳送的內容及服務必須數位化、以及觀眾家中的收視設備必須數位化。目前在頭端部分，無論是以電波傳送訊號的無線電視、或是以纜線傳送訊號的有線電視，都已經完成數位化，所以觀眾家中只要有能接收數位訊號的數位電視機，或是在電視上加裝一台可以將數位訊號轉換成類比訊號的數位機上盒，即可選擇收看數位無線電視或數位有線電視。

數位電視與傳統電視相較，除了仍能提供傳統的視訊服務外，有下列幾項特點：

（一）頻道倍增、傳播通路豐富

電視台發送出來的節目訊號經過數位方式壓縮後，原來的類比電視所使用的頻道可以被利用來傳送更大量的訊號，一個頻道可同時播出三個或四個標準畫質的節目，電視頻道倍增三到五倍。以數位無線電視來說，可傳送 15 個頻道左右，數位有線電視則可傳送 500～800 個頻道。

（二）畫質及音質變佳

由於採用「數位訊號」傳送及處理電視訊號，可以在過程中去除外界的雜訊，所呈現的畫面和聲音品質比較清晰穩定。

（三）加值的節目內容

因為數位有線電視採用數位化的方式處理訊號，因此可以在訊號中加入其他資訊，在既有的電視節目上加上許多選項，強化電視節目的內容，提供原來類比電視無法做到的全新服務，讓觀眾可以按照自己的興趣偏好，自行點選，包括提供多種語言字幕、不同視野角度的螢幕、演員的簡介資訊、比賽的統計資料等等。

以觀看棒球賽來說，一般鏡頭都是跟著球走，球在哪鏡頭就拍到哪。如果某個投手被打全壘打，觀眾想看這名投手的表情，在數位電視的情況下，觀眾就可用遙控器自行選擇要看的鏡頭；若觀眾想知道投手被打全壘打後，防禦率增加多少，也可以自行點選這些資料數據來看。

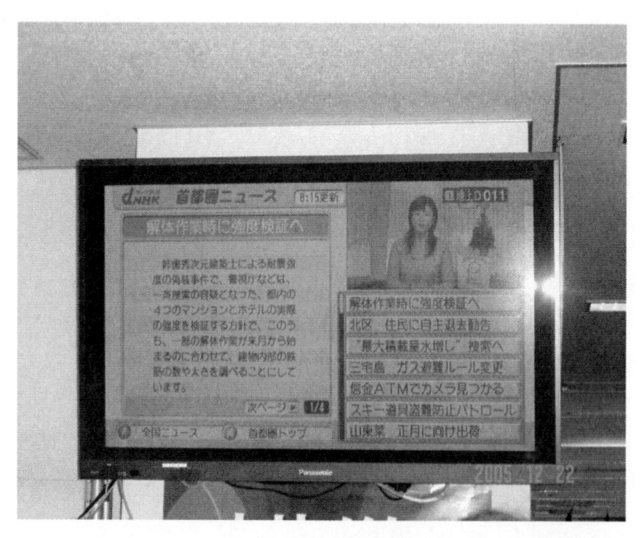

圖：收看電視節目同時可使用遙控器獲取天氣、地震等資訊

（四）電視商務

數位電視還可提供商務服務，未來將會發展金融管理系統，提供個人金融服務，生活上與食衣住行育樂相關的資訊及交易都可以在數位電視上進行，包括電視銀行（TV Banking）、居家保全（TV

Security)、遠距醫療（TV Medicare)、在家學習（TV Learning)、電視化政府（TV Government）等。此外，數位電視還可以傳送整版報紙、電腦軟體、股市資訊、互動教學教材、即時交通資訊、財經資訊、生活資訊、購物資訊等數位化資訊給消費者。

四、數位匯流後電信及網際網路亦可提供視訊服務

在傳統的產業界線裏，電信（Telecommunication）、電視（Broadcasting）及網際網路（Internet）產業分別僅各自提供「通訊」、「視訊」及「資訊」的服務，但由於數位化時代的來臨，彼此技術漸趨統一，因此各產業開始跨業經營，使得產業界線逐漸模糊。傳統影音內容如電影、音樂、遠距教學、電子銀行等服務，也均逐漸以數位的型態呈現，可以透過有線電視、電信或網際網路等不同傳輸通路來提供服務，換言之，以往電視、電信及電腦的界線已經消失，稱為「數位匯流」(Digital Convergence)。

產業跨業經營的部分如下：

- 電信可做視訊傳播業務，例如中華電信 MOD（Multimedia on Demand)、行動電視。
- 電信可做網際網路業務，如 3G 手機上網。
- 電視可做電信業務，如有線電視電訊服務。
- 電視可做網際網路業務，如 Cable Modem 寬頻上網。
- 網際網路做電信業務，如網路電話（Voice ON IP)。
- 網際網路做視訊業務，如網路電視（Web Casting)。

以中華電信 MOD 來說，中華電信雖是電信公司，但它 2004 年開始提供的 MOD 服務卻跟數位電視沒什麼兩樣。MOD 是一多媒體內容傳輸平台服務，藉由雙向寬頻網路（如中華電信 ADSL 非固定制及光世代網路），將電視頻道、隨選電影與連續劇等多樣內容，透過 MOD 機上盒呈現在家中原本的電視機上。MOD 同時提供隨選視訊（Video on Demand，VOD）功能，讓觀眾在任何時間都可以選擇想看的節目，精采片段還可以倒轉再看一次。此外，MOD 也充分利用雙向網路的特性，發展出多樣性的互動應用服務，如線上轉帳繳費、點歌歡唱、理財資訊、即時投票等，讓電視跟生活有更密切的結合。

再以有線電視業者中嘉網路來說，該公司為擁有百萬有線電視用戶的有線電視多系統經營者（Multiple System Operator, MSO），除提供近百個類比有線電視頻道的服務之外，自 2002 年底開始推出數位互動電視服務，收視戶在家中可享受到整合性數位影音內容與服務、隨選視訊節目（PPV/VOD）以及即時互動的電視商務機制（T-Commerce）。此外，中嘉還替用戶安裝纜線數據機（Cable Modem），提供用戶高頻寬及穩定的寬頻上網服務、並結合寬頻上網推出寬頻電話（Cable Phone），正式從電視產業跨到網際網路及電信領域。

數位匯流時代來臨後，無論是電視機、電腦或電話都可進化成具有相同功能的電子裝置，例如現在手機的功能越來越齊全，可以上網、錄影、發電子郵件、文書處理、收看電視及記錄行程等，跟一台小型電腦根本沒兩樣。未來電視機、電腦或電話間界限會逐漸模糊，均將被消費者視為多媒體家用資訊平台，每戶家庭只要擁有一台這樣的裝置跟一種網路（無論是電視、電信或網際網路），就可滿足所有的需求。

既然大家都做一樣的事情，再垂直區分電視、電信或電腦等產業已沒有意義，因此產業別也將會改為水平的網路設施提供者、網路服務提供者、應用服務提供者、內容應用服務提供者及載具提供者。

貳、電視數位化對行銷的影響

數位電視普及化後，媒體生態改變，對行銷的方式也會造成一些影響。

一、得到精準的市調資料

當每位收視戶家中都有數位機上盒後，數位機上盒就可取代市調公司的收視調查器，記錄觀眾收視習慣與生活習慣，得到非常精準的第一手市調資料。行銷者可以根據這些數據，再發展出不同的行銷策略，例如零食公司可針對喜歡看電影頻道的消費者進行專門的行銷推廣活動，使這些觀眾一邊看電影一邊享用該公司的產品。

二、提高廣告的有效性

數位電視的傳播通路大增，內容可從大眾化變成分眾化。以體育頻道來說，在頻道有限的情況下，為了滿足大部分運動迷的需求，一個體育頻道的內容會包含大部分的運動項目，甚至只有一些熱門的運動項目。但數位電視則沒有這樣的限制，可以挪出數十個頻道來做體育節目，每一個運動項目都能有自己專屬的頻道，分別出現高爾夫球頻道、籃球頻道、棒球頻道、撞球頻道或游泳頻道。

對廣告主來說，過去在大眾化的時代，有些節目雖然收視率高，但收看節目的觀眾不一定是廣告主的目標群眾，只以收視率來當作下廣告的參考，其實會有風險。電視分眾傳播後，廣告主比較容易找到自己的目標市場，例如賣高爾夫球的廠商，就可以直接選擇在高爾夫球頻道下廣告，因為會看高爾夫球頻道的觀眾，應該大多是會打高爾夫的人。

三、看節目用遙控器直接訂購商品

在傳統電視的置入性行銷操作中，觀眾如果在節目裡看中某個置入商品，若想了解更多資訊，或是想要購買，還需要透過別的媒介與管道。既然數位電視可以在既有的電視節目上加入許多選項，讓觀眾按照自己的興趣偏好來自行點選，那當然也可以在節目裡置入商品及商品資訊，讓觀眾直接了解商品、甚至點選購買。例如某觀眾在看連續劇時，發現男主角所用的手機很炫，於是直接點選手機的功能及價錢資訊，看了之後發現不錯，於是下單購買。如此一來，數位電視既可替商品宣傳，也具備通路的功能。

四、分組付費制度對廣告的影響

在美國，有線電視就是採取分組付費的方式，把頻道分成基本頻道（Basic）跟付費頻道（Premium）兩種，業者收取便宜月費提供一些基本的頻道，用戶若要看 HBO 或 ESPN 等頻道，都需另外付費，如此較符合「消費者主權」及「使用者付費」的精神。然而在台灣，有線電視是採取「吃到飽」的費率，業者提供近 100 個頻道給訂戶收看，每個月向訂戶收取一固定之費用，觀眾即使不愛看 HBO 或 ESPN，但每個月繳給系統業者的月費中的一部分，仍必須付給 HBO 或 ESPN。

每位消費者的喜好不同，有人喜歡看這三十台，有人喜歡看另外三十台，怎麼解決呢？最好的方式就是有線電視業者能依據大家不同的喜好提供不同的頻道組合。政府也有意在未來推動有線電視頻道分組付費，而這一切在有線電視數位化後就可以完全做到，因為數位電視可以進行數位訊號加密及解碼，頻道分組不易被破解。

頻道分組實施後，勢必影響到現行電視廣告市場的運作。由於付費頻道是消費者另外付錢去訂購的，因此應該不太會有廣告。即使有，也因為訂戶較少，收視率較低，廣告商大概也比較不會願意在付費頻道下廣告；至於基本頻道，因為所有有線電視訂戶都看的到，而且頻道量比分組前來的少，每個頻道的收視率會因此增加，廣告時段會更搶手，廣告費用也有可能因此提升。

參考文獻

一、中文書目

中央選舉委員會網站：http://www.cec.gov.tw/。

王　旭（1998）。〈新聞記者與消息來源的互動及其影響—以報導立法院新聞為例〉，「國科會專題研究成果報告 NSC 87-2412-H004-013」。台北：國立政治大學廣播電視系。

吳宜蓁、胡幼偉、蔡以倫（1995）。〈「公關管理者」或「公關技術人員」－企業公關人專業角色類型初探〉，「廣告學研究」，6 期，頁 181-198。

吳崑茂（1997）。《誰與爭鋒：公眾人物的形象塑造》，台北：傳文文化。

李茂政（1994）。《當代新聞學》，台北：正中。

金溥聰（1997）。〈新聞媒體在總統選舉中的議題設定功能〉，「行政院國家科學委員會專題研究計畫成果報告，NSC 85-2412-H004-006」。台北：國立政治大學新聞系。

孫秀蕙（1997）。《公共關係：理論、策略與研究實例》，台北：正中。

紐則勳（2002）。《競選傳播策略：理論與實務》，台北：韋伯文化。

梁任瑋（2001）。〈在選舉發燒季節的媒體大戰〉，「廣電人月刊」，第 84 期，台北：廣電基金會，頁 35-39。

陳皓譯（1999）。《製造新聞》，台北：書泉。（原書 Jason Salzman. [1999]. Making the news: A guide for activist and nonprofits. Perseus Books Group）

陳憶寧（2003）。〈2001 年台北縣長選舉公關稿之議題設定研究：政治競選言說功能分析之應用〉，「新聞學研究」，第 74 期，台北：政治大學新聞研究所，頁 45-72。

喻靖媛（1994）。〈記者與消息來源互動關係及新聞處理方式關聯性研究〉，台北：國立政治大學新聞研究所碩士論文。
曾萬（1993）。《怎樣與媒體打交道：你必須知道的公關技巧》，台北：皇冠。
彭懷恩（2003）。《政治傳播與溝通》，台北：風雲論壇。
葉元之（2004）。《公共關係與競選策略-2004 大選連宋總部新聞發佈實例研究》，台北：秀威資訊。
臧國仁等（1988）。《公關手冊》，台北：商周。
臧國仁（1999）。《新聞媒體與消息來源—媒介框架與真實建構之論述》，台北：三民。
鄭自隆（1992）。《競選文宣策略：廣告、傳播與政治行為》，台北：遠流。
鄭自隆（1998）。〈1996 年台灣總統大選四組候選人文宣策略觀察〉，「總統選舉與新聞報導」，國立政治大學新聞學系編印。
鄭貞銘（1995）。《新聞原理》，台北：五南圖書。
鄭瑞城（1991）。〈從消息來源途徑詮釋媒介近用權〉，「新聞學研究」，第 45 期，頁 39-56。
蘇蘅（1995）。〈消息來源與新聞價值—報紙如何報導「許歷農退黨」效應〉，「新聞學研究」，第 50 期，台北：政治大學新聞研究所，頁 15-40。

二、媒體報導

大桃園旅遊網。
TVBS 新聞。
今日新聞。
中央通訊社。
中廣新聞網。
《中國時報》。
台視新聞。
《自立晚報電子報》。
《自由時報》。
《星島日報》。

《蘋果日報》。
《聯合報》。

三、西文書目

Bass, A. Z. (1969). Refining the 'gatekeeper' concept: A UN radio case study. Journalism Quarterly.46, pp. 69-72.

Boorstin, D. J. (1961). The Image: A Guide to Pseudo-Events in America. NY: The Harper & Row.

Gandy, O. H. Jr. (1982). Beyond Agenda Setting: Information Subsidies and Public Policy. Norwood, NY: Ablex.

Gieber, W.(1964). "News is what newspapermen make it". In L. A. Dexter and D. M. White (eds.), People, Society, and Mass Communication. London: Free Press of Glencoe.

Goff, C. F. (ed.). (1989). The Publicity Process (3rd ed.). Ames: The Iowa State University Press.

Hulteng, J. L. (1976). The Messenger's Motives: Ethical Problems of the News Media. Englewood Cliffs, NJ: Prentice- Hall.

Sanders, K. R. & Kaid, L. L. (1978). "Political communication theory and research: An overview 1976-77". In B. D. Ruben (eds.), Communication yearbook II. New Brunswick, N. J.: Transaction Books.

Schlesinger, P. (1990). "Rethinking the sociology of journalism: Source strategy and the limits of media centrism". In M. Ferguson (ed.), Public Communication and the New Imperatives. London: Sage.

Shoemaker, P. J. & Reese, S. D. (1991). Mediating the Message: Theories of Influnce on Mass Media Content. NY : Longman.

Shoemaker, P. J. (1991). Gatekeeping. Newbury Park, CA:Sage.

Van Turk, J. (1986). Public relations' influence on the news. Newspaper Research Journal, 7(4), pp.15-28.

國家圖書館出版品預行編目

大眾傳播理論與應用：新聞媒體分析與行銷公關實務操作 / 葉元之著. -- 一版. -- 臺北市：秀威資訊科技, 2010.03
面； 公分. -- (社會科學類；PF0044)
BOD 版
ISBN 978-986-221-403-9(平裝)

1. 大眾傳播 2. 新聞媒體 3. 公共關係

541.831 99001248

社會科學類 PF0044

大眾傳播理論與應用
——新聞媒體分析與行銷公關實務操作

作　　者 / 葉元之
發 行 人 / 宋政坤
執行編輯 / 藍志成
圖文排版 / 郭雅雯
封面設計 / 陳佩蓉
數位轉譯 / 徐真玉　沈裕閔
圖書銷售 / 林怡君
法律顧問 / 毛國樑　律師
出版發行 / 秀威資訊科技股份有限公司
台北市內湖區瑞光路 583 巷 25 號 1 樓
電話：02-2657-9211　　傳真：02-2657-9106
E-mail：service@showwe.com.tw

2010 年 3 月 BOD 一版
定價：270 元

・請尊重著作權・
Copyright©2010 by Showwe Information Co.,Ltd.

讀者回函卡

感謝您購買本書，為提升服務品質，請填妥以下資料，將讀者回函卡直接寄回或傳真本公司，收到您的寶貴意見後，我們會收藏記錄及檢討，謝謝！

如您需要了解本公司最新出版書目、購書優惠或企劃活動，歡迎您上網查詢或下載相關資料：http:// www.showwe.com.tw

您購買的書名：________________________________

出生日期：________年________月________日

學歷：□高中（含）以下　□大專　□研究所（含）以上

職業：□製造業　□金融業　□資訊業　□軍警　□傳播業　□自由業

□服務業　□公務員　□教職　□學生　□家管　□其它______

購書地點：□網路書店　□實體書店　□書展　□郵購　□贈閱　□其他

您從何得知本書的消息？

□網路書店　□實體書店　□網路搜尋　□電子報　□書訊　□雜誌

□傳播媒體　□親友推薦　□網站推薦　□部落格　□其他__________

您對本書的評價：（請填代號　1.非常滿意　2.滿意　3.尚可　4.再改進）

封面設計____　版面編排____　內容____　文／譯筆____　價格____

讀完書後您覺得：

□很有收穫　□有收穫　□收穫不多　□沒收穫

對我們的建議：________________________________

____

____

____

請貼
郵票

11466
台北市內湖區瑞光路 76 巷 65 號 1 樓
秀威資訊科技股份有限公司 收
BOD 數位出版事業部

....

（請沿線對折寄回，謝謝！）

姓　名：＿＿＿＿＿＿＿＿　年齡：＿＿＿＿　性別：□女　□男

郵遞區號：□□□□□

地　址：＿＿＿＿＿＿＿＿＿＿＿＿＿＿＿＿＿＿

聯絡電話：(日)＿＿＿＿＿＿＿＿　(夜)＿＿＿＿＿＿＿＿

E-mail：＿＿＿＿＿＿＿＿＿＿＿＿＿＿＿＿＿＿